¡A debate!

Estrategias para la interacción oral

¡A debate!

En esta guía, el profesor encontrará sugerencias y comentarios sobre la explotación didáctica de las actividades del libro, las soluciones, que aparecen detalladas debajo de las explicaciones y las soluciones del Dosier de gramática. En los comentarios de las actividades se proporcionan pautas sobre cómo integrar la gramática del dosier en cada uno de los temas. En algunas unidades se incluyen, además, algunas actividades de ampliación. Al final de cada tema, aparecen también unas fichas opcionales para fomentar el desarrollo de la expresión oral mediante el uso de las nuevas tecnologías, ya sea en equipo o de manera individual.

Estructura

INTRODUCCIÓN AL TEMA

Estímulo visual. Cada unidad del libro se inicia con una imagen que sirve de estímulo visual para que el alumno reflexione durante unos segundos sobre la temática que se va a desarrollar a lo largo de la unidad.

Cuestiones previas. Al comienzo de cada capítulo se abordan una serie de cuestiones previas relacionadas con el tema principal que sirven de reflexión, motivación y activación de conocimientos sobre los contenidos de la unidad.

Afirmaciones relacionadas con el tema del capítulo. Se incluyen una serie de afirmaciones o frases relacionadas con las principales ideas de la unidad, que suelen tomarse de la entrevista que aparece posteriormente o pertenecen a personajes famosos, etc.

EN PORTADA

Biografía. Breve presentación biográfica del personaje entrevistado, como reconstrucción oral a partir de una serie de datos o como un ejercicio de léxico en el que prima la comprensión lectora.

La entrevista. Texto de la entrevista con ejercicios de control de la comprensión tanto auditiva como lectora.

MÁS PALABRAS

Un repertorio de actividades dirigidas a la consolidación y ampliación del léxico que se ha tratado en la entrevista y otro relacionado con el tema de la unidad (palabras y sus derivados, colocaciones léxicas, expresiones idiomáticas, locuciones, dichos y refranes, etc.)

DESTACADO

Se incluyen una serie de actividades y de textos breves encaminados a la ampliación de los contenidos principales de la unidad y a la expresión oral para practicar diferentes estructuras comunicativas.

ESPECIAL MUNDO HISPANO

Sección dirigida a ampliar los contenidos de la unidad desde la perspectiva de otros países de habla hispana.

CIERRE

Diferentes propuestas para trabajar los géneros orales: la exposición, la presentación, la conferencia, la tertulia, etc., que conducen a que cada unidad se cierre con un debate en el que se fomenta la interacción oral y se consolida el aprendizaje del vocabulario adquirido y las diferentes funciones y estructuras comunicativas aprendidas.

TAREA FINAL

Al final de cada unidad, en esta guía, se incluyen dos tareas opcionales para profundizar sobre el tema tratado y fomentar el trabajo en equipo o el desarrollo individual de la producción oral.

En ambos casos se anima al alumno a que produzca textos orales auténticos sobre un determinado tema y a que haga uso de las nuevas tecnologías como herramienta en el aprendizaje de la lengua.

Esta guía incluye, además, las **soluciones** de los ejercicios del Dosier de gramática así como las **transcripciones** de las pistas de audio número 4, 5, 7 y 11.

Tema 1

INTRODUCCIÓN AL TEMA (pp. 4-5)

Estímulo visual

Para empezar y durante un par de minutos, se les puede pedir a los alumnos que observen la imagen y que piensen en un par de ideas de manera individual sobre qué es lo que les sugiere. En este caso, observamos las manos de una persona en las que se ha pintado el mapa del mundo, que incluye casi todos los continentes. Una posible interpretación de esta imagen es que, gracias a la tecnología y a fenómenos como la globalización, vivimos cada vez más cerca los unos de los otros y, por lo tanto, poco a poco nos estamos acostumbrando a que exista una mayor interacción, ya sea física o virtual, entre diferentes culturas. También, como el título del tema indica, hoy en día una persona tiene mucha más capacidad de decisión y de actuación en la sociedad en comparación con lo que ocurría hace solamente unas décadas.

→ Puesta en común sobre las diferentes opiniones con el resto de la clase.

Soluciones: **B.** Tener el mundo en tus manos significa poseer el control y poder hacer lo que uno quiere.

Cuestiones previas

En parejas, o en pequeños grupos, se les pide a los alumnos que lean y que intenten dar su opinión sobre las cuestiones que se plantean en este apartado. Algunas de las ideas que aparecen tienen que ver con desmitificar la idea de que Internet contribuye a aislar a la gente; la función de los medios de comunicación como escaparate a la realidad social de un país; la brecha digital que existe entre padres e hijos en relación con el uso que hacen de las nuevas tecnologías; la redefinición de instituciones como el Estado o la familia; la participación de la ciudadanía, más consciente de lo que ocurre a su alrededor y con un papel más importante en la toma de decisiones, etc.

→ Puesta en común sobre las diferentes opiniones con el resto de la clase.

Comenta las siguientes afirmaciones

Ahora el profesor o los alumnos van leyendo en voz alta las afirmaciones relacionadas con el tema del capítulo, a fin de invitar al debate sobre el tema. Tras la lectura, los estudiantes pueden participar y comentar su punto de vista.

Lo importante es que interaccionen oralmente a partir del *input* que se les proporciona. De esta manera, se consigue fomentar la interacción desde el primer momento para que sea una dinámica constante durante toda la unidad y que sirva para desenvolverse mejor en el debate final.

El mundo en tus manos

EN PORTADA (pp. 6-7)

Biografía

Los estudiantes, en parejas o en pequeños grupos, tienen que reconstruir la biografía del sociólogo Manuel Castells a partir de los datos que se les proporcionan. Para ello tendrán que hacer un buen uso de los tiempos del pasado, así como de otros conectores temporales que les ayuden a enlazar la información. Con este ejercicio se desarrolla la capacidad de transformar una información esquemática en una narración, tal como harán cuando tengan que apuntar o tomar nota sobre diferentes ideas, durante una exposición oral, en un debate, etc., y luego tengan que enlazar las ideas para construir argumentos.

→ Puesta en común sobre las diferentes opiniones con el resto de la clase.

Cuando se haga la puesta en común, puede resultar útil preguntarles a los alumnos si hay algo de la biografía de la persona que les haya llamado la atención. En el caso de Manuel Castells queda claro que sus ideales políticos influyeron sobre su vida, su profesión y su área de investigación: la sociología. Mediante esta reflexión en conjunto, se consigue conocer un poco mejor a la persona entrevistada antes de leer la entrevista, además de captar la atención y de suscitar el interés en el alumno sobre los contenidos que se van a desarrollar a continuación.

La entrevista
Actividad 1. a.

→ Pista 1 del audio correspondiente a la entrevista con Manuel Castells.

Soluciones: 1. F. La investigación muestra que Internet no favorece el aislamiento, a diferencia de lo que cree mucha gente; **2. F.** Si una persona es sociable, será más sociable; si no lo es, Internet le ayudará un poquito, pero no mucho; **3. V.** Internet es un instrumento de libertad y de autonomía; **4. F.** Puede haber vigilancia, pero no control; **5. V.** Sin educación, la tecnología no sirve para nada; **6. F.** Manuel Castells dice que «se extiende la idea de que las instituciones centrales de la sociedad, el Estado y la familia tradicional ya no funcionan», por lo tanto, que existe esta idea compartida por la sociedad, pero no pone de manifiesto cuál es su postura u opinión al respecto; **7. V.** Cuanto más autónoma es una persona, más utiliza Internet; **8. F.** Dice que el sistema político no está abierto a la participación, al diálogo constante con los ciudadanos ni a la cultura de la autonomía, y, por lo tanto, estas tecnologías lo que hacen es distanciar todavía más la política de la ciudadanía.

Actividad 1. b.

Se les puede pedir a los alumnos que uno lea las preguntas y otro las respuestas (entrevistador/entrevistado). El profesor puede detenerse en aquellos aspectos que hayan podido ser relevantes para la actividad 1. a.

→ En el apartado **Ahora tú** se proporcionan preguntas de ampliación. El profesor pide a los alumnos que trabajen por parejas o en pequeños grupos para reflexionar sobre las cuestiones que se plantean. Siempre se le ha de decir al alumno que se apoye en el vocabulario que vaya apareciendo sobre el tema, como por ejemplo los términos o expresiones de la entrevista. Estas pautas serán útiles con vistas al debate final que se plantea en la última sección, Cierre, de cada uno de los capítulos.

Posibles soluciones a las preguntas:
1. La expresión *brecha digital* se utiliza para referirse a las diferencias que existen hoy día entre jóvenes y adultos (o mayores) en cuanto al uso de Internet y las redes sociales. **2.** Cuanto más autónoma es una persona emplea Internet con mucha más frecuencia e intensidad y este uso refuerza a la vez su autonomía. **3.** Una *sociedad-red* es, según Castells, una sociedad en la que todo está articulado de forma transversal y hay menos control de las instituciones tradicionales. **4.** No toda la sociedad le tiene miedo a Internet. Según Castells, ese miedo refleja otros temores: la vieja sociedad teme a la nueva, los padres a sus hijos, las personas que tienen el poder anclado en un mundo tecnológico, social y culturalmente antiguo, tienen miedo a lo que se les viene encima, que no entienden ni controlan y que perciben como un peligro, etc.

→ Puesta en común sobre las diferentes opiniones con el resto de la clase.

Dosier de gramática
Se recomienda integrar aquí el componente gramatical con los ejercicios 1. y 2. del Dosier de gramática (pp. 125-126), en los que se trabajan los usos del indicativo/subjuntivo para opinar y valorar.

El texto *3500 millones* da pie para hablar de la implicación de los ciudadanos en la sociedad actual, por ejemplo mediante el uso de plataformas digitales, como los blogs de opinión. Se puede hacer una puesta en común sobre qué otros recursos posee el ciudadano de hoy día para expresar su punto de vista sobre un tema. Se pueden utilizar las estructuras que se practican en los ejercicios para formular alguna idea más sobre el uso de las nuevas tecnologías en la actualidad.

MÁS PALABRAS (pp. 8-9)

Actividad 1.
En esta actividad se trabajan expresiones idiomáticas que constan de dos partes, como la expresión *pura y dura* que ha aparecido en la entrevista con Manuel Castells. El profesor puede explicar que los hablantes nativos a menudo hacen uso del lenguaje idiomático porque ayuda a concretar o a matizar el significado de lo que se desea expresar. El profesor se debe asegurar de que los estudiantes entienden bien las expresiones que se trabajan. En relación con el lenguaje idiomático, también se puede abordar la noción de *registro*, ya que muchas de las expresiones que aparecen se utilizan más en la lengua oral.

Soluciones: 1. a. *pura y dura* = como tal; **2. b.** *a diestro y siniestro* = por todas partes; **3. b.** *ni fu ni fa* = me es indiferente; **4. a.** *con pelos y señales* = al detalle; **5. b.** *a trancas y barrancas* = con dificultad; **6. a.** *en un pis pas* = rápidamente; **7. a.** *de buenas a primeras* = de repente; **8. a.** *de arriba a abajo* = completamente; **9. a.** *ni tanto ni tan clavo* = ni una cosa ni otra; **10. b.** *no tiene ni pies ni revés* = no tiene sentido.

Actividad 2. a.
Es conveniente aquí introducir la noción de *colocación léxica*, a fin de que el alumno se familiarice con ella, ya que va a aparecer en otras unidades. Una colocación léxica es la combinación de varias categorías gramaticales, por lo general, verbos, sustantivos y adjetivos, que se suelen combinar para expresar un significado concreto. Con ello se precisa y se concreta el significado y, como ocurre con el lenguaje idiomático, muestra un mayor dominio del idioma. Por ejemplo, se puede decir *publicar una ley*, cuyo significado del verbo *publicar* es más amplio (p. ej., publicar un libro, una noticia, etc.) y se puede utilizar en diferentes contextos. En cambio en la expresión *promulgar una ley*, el verbo *promulgar* se ve restringido al ámbito jurídico y, con ello, se concreta y se complementa el significado del sustantivo *ley*. Es importante que, en los ejemplos que aparecen, los estudiantes presten atención a la combinación de verbo + sustantivo.

Soluciones: 1. Promulgar una ley, **f.** Publicar o decretar oficialmente una norma que ha sido aprobada por el Gobierno; **2.** Defender un derecho, **i.** Apoyar una causa que un determinado colectivo social considera justa; **3.** Recortar un privilegio, **g.** Suprimir un derecho del que disfruta un colectivo o una persona; **4.** Alcanzar un consenso, **a.** Llegar a un acuerdo sobre un tema; **5.** Convocar una huelga, **c.** Emplazar a la interrupción temporal de la actividad laboral para reivindicar algo; **6.** Poner en marcha una medida,

b. Implementar una decisión que se ha aprobado con respecto a un tema; **7.** Abordar una cuestión, **d.** Analizar o discutir un tema generalmente desde un punto de vista concreto; **8.** Cumplir una promesa, **j.** Llevar a cabo un compromiso adquirido previamente; **9.** Recurrir una decisión, **e.** Reclamar una sentencia o un dictamen con el que no se está de acuerdo; **10.** Apaciguar los ánimos, **h.** Tratar de calmar una situación tensa entre diferentes personas.

Actividad 2. b.

Aquí los estudiantes pueden buscar o crear diferentes ejemplos en los que se haga uso de las colocaciones que acaban de aprender.

Soluciones: Posibles ejemplos: En Venezuela *se promulgó una ley* que prohíbe la difusión de mensajes que alteren el orden público. Es obligación de cualquier país *defender los derechos* de sus ciudadanos. Algunos políticos pagan menos impuestos que los ciudadanos de a pie. Se les debería *recortar algunos privilegios* para dar ejemplo. Para que una ley se pueda sacar adelante hay que *alcanzar* antes *un consenso*. Debido a la crisis económica, *se han convocado* numerosas huelgas. Han decidido *otorgar becas* a todos los solicitantes, pero hasta que no se apruebe el próximo presupuesto general no se podrá poner en marcha la medida. Antes de *abordar la cuestión*, me gustaría presentar unos datos que nos servirán para comprender mejor la situación. El Gobierno tendrá que *cumplir la promesa* que hizo antes de las elecciones, si no, se arriesga a que haya manifestaciones en la calle. Como los miembros del sindicato no estaban de acuerdo con la resolución del juez, han decidido *recurrir la decisión*. Antes de hacer nuevas reformas, habrá que *apaciguar los ánimos* de la población.

Actividad 3.

En este ejercicio se trabaja la sinonimia y la antonimia. Conviene señalar que algunos de estos verbos pertenecen al ámbito jurídico y que también se pueden utilizar como colocaciones léxicas.

Soluciones:

verbo	sinónimo	antónimo
inculpar	acusar	exculpar
transgredir	infringir	*respetar*
detener	*arrestar*	poner en libertad
terminar	expirar	prorrogar
otorgar	conceder	*denegar*
promulgar	*decretar*	derogar
condenar	sentenciar	indultar
testificar	prestar declaración	*falsear*

Actividad de ampliación

Se les puede pedir a los alumnos que, por parejas, añadan sustantivos que utilizarían con los siguientes verbos. Mediante esta técnica conseguimos afianzar el conocimiento de otras colocaciones léxicas, así como concienciar al alumno de la importancia de expresar de manera precisa lo que se quiere decir. Ej.: *arrestar a un sospechoso / respetar la ley / denegar asilo político / falsear un testimonio*, etc.

DESTACADO (pp. 10-11)

Actividad 1. a. y b.

A modo de anticipación, los estudiantes pueden buscar información sobre algunos de estos movimientos sociales para llevar a cabo una puesta en común más enriquecedora desde el punto de vista de los conocimientos culturales.

También puede hacerse el proceso inverso y que los alumnos hagan una búsqueda en Internet sobre estos movimientos para que expongan en clase y aporten nuevos datos de interés que sean relevantes y que no hayan aparecido. Pueden buscar noticias concretas, o incluso anécdotas, relacionadas con los indignados, Anonymous o con la influencia de las redes sociales en la actualidad.

Soluciones: 1. b. Los indignados (a.; d.; f.) / Anonymous (c.; e.; g.) / (Adicción a) las redes sociales (b.; h.; i.).

Actividad 2.

En esta actividad se trabajan algunos términos relacionados con el léxico del capítulo. Una vez que hayan completado los huecos, se les puede pedir a los alumnos que proporcionen ejemplos de cada uno de ellos y que los vayan comentando. Ej.: ¿Crees que en tu país existe bipartidismo? ¿Por qué? ¿Te parece algo positivo o negativo? ¿Qué se podría hacer para que no ocurriera?

Posibles definiciones de estos términos a modo de ampliación:

- Partitocracia: también llamada *partidocracia*, se produce cuando en una democracia hay dos partidos mayoritarios que se van alternando en el poder. Por ejemplo, en el caso de España esto se produce entre los dos partidos principales: el PP (Partido Popular) y el PSOE (Partido Socialista Obrero Español).
- Cargas policiales: se trata de ataques que efectúan los cuerpos de policía, o policía antidisturbios, contra aquellos que alteran el orden público.
- Bipartidismo: hace referencia a la alternancia en el poder y es un término que identifica la existencia de dos partidos mayoritarios que aglutinan la mayor parte de los votos.
- Movimiento horizontal: también conocido como *horizontalidad*, propone que los miembros de una organización política, o de otra denominación, tengan el mismo

nos una vez que hayan emparejado las diferentes partes. Se aconseja asegurarse de que el alumno entiende bien cada refrán y se insistirá en la importancia que pueden tener como estructuras que sirven para argumentar, dado que forman parte de la sabiduría popular.

Soluciones: 1. b.; 2. g.; 3. a.; 4. h.; 5. i.; 6. j.; 7. c.; 8. d.; 9. f.; 10. e.

He aquí una explicación de cada uno de los refranes junto con otros equivalentes, que se pueden contraponer para clarificar el significado de ambos.

1. *A falta de pan, buenas son tortas.* Se aconseja conformarse con lo que uno tiene cuando se carece de algo mejor.
2. *Al mal tiempo, buena cara.* Cuando se presenta una época o situación desfavorable es preferible estar tranquilo e intentar ser optimista. Locución equivalente: *Hacer de tripas corazón.*
3. *A palabras necias, oídos sordos.* No hay que hacer caso de las palabras poco inteligentes que pueda decir una persona, precisamente porque dada su naturaleza no tienen ninguna importancia. Refrán equivalente: *No hay mayor desprecio que no hacer aprecio.*
4. *Bajo la miel, está la hiel.* Se advierte a la persona para que tenga cuidado con la hipocresía o las falsas apariencias. Se recomienda desconfiar de aquellos individuos que esconden lo que son en realidad bajo una apariencia que es falsa y que busca complacer a los demás. Refrán equivalente: *Piel de oveja, carne de lobo.*
5. *Más vale pájaro en mano que ciento volando.* Se utiliza para recomendar que, ante una situación en la que se tiene algo seguro, es preferible cogerlo en lugar de estar esperando a que llegue algo mejor que puede no llegar nunca. Refrán equivalente: *Más vale buena posesión que larga esperanza.*
6. *Hoy por ti, mañana por mí.* Es bueno ayudarse mutuamente sin olvidar que es natural que a uno le devuelvan el favor.
7. *Más vale maña que fuerza.* En ocasiones, la habilidad es mucho mejor que la violencia para resolver algo. Refrán equivalente: *Para librarse de lazos, antes cabeza que brazos.*
8. *Tirar la piedra y esconder la mano.* Hace referencia a quien ha cometido una mala acción y luego se oculta sin reconocer su culpa o a aquel quien halaga a alguien cara a cara pero le ofende a sus espaldas.
9. *Donde las dan, las toman.* Se advierte a quien ha hecho alguna mala acción que seguramente recibirá su correspondiente castigo.
10. *Es peor el remedio que la enfermedad.* A veces un remedio o una solución a un problema pueden producir más inconvenientes que el problema en sí. Refrán equivalente: *La solución, peor que el problema.*

Para más información consultar: http://cvc.cervantes.es/lengua/refranero/Default.aspx.

Actividad de ampliación

Una vez que se han explicado y practicado los refranes, un buen ejercicio para asegurarse de que se han entendido correctamente es que, por parejas, creen situaciones en las que harían referencia a alguno de estos refranes o que los recordarían por la sabiduría popular que se desprende de ellos.

Los estudiantes plantean la situación, para la que han escogido el refrán previamente, y el resto de la clase tiene que identificar cuál es el que mejor se adapta según la situación. Ej:. ¿Qué le dirías a una persona que acaba de conseguir un trabajo fijo, en el que no le pagan mucho, y que no sabe si aceptar la oferta o esperar un tiempo para ver si le sale algo mejor? *Más vale pájaro en mano que ciento volando.*

Se recomienda que el profesor les diga a los alumnos que hagan uso de los recursos comunicativos para pedir y dar opinión. También es conveniente ver las diferentes estructuras que aparecen en la misma página para argumentar de manera objetiva y subjetiva, a fin de que los estudiantes tengan claro su significado y uso.

Actividad 3.

En esta actividad se trabajan la expresión oral y la expresión escrita, aunque esta última con una finalidad oral, ya que previamente se les pide a los estudiantes que escriban un texto expositivo en el que se mezclen los tres estilos argumentativos que acaban de aprender para que luego lo expongan de manera oral ante la clase. Se hace hincapié en que el alumno tenga en cuenta para su exposición todo lo indicado en recursos comunicativos y en estrategias de expresión oral, para dar mucho más dinamismo a la exposición.

Se recomienda que el tiempo sea en torno a unos 5–10 minutos como máximo. Es importante marcarlo para que el alumno se habitúe a concretar sus ideas en el tiempo que se le da y que todos los miembros de la clase puedan participar. Toda esta dinámica también sirve como ensayo para el debate final.

Dosier de gramática

Se recomienda integrar aquí el componente gramatical con los ejercicios 4. y 5. del Dosier de gramática (pp. 127-128), en los que se practican las oraciones concesivas y adversativas para mostrar un contraste o una opinión.

El ejercicio 4. les servirá para ver diferentes maneras de expresar una opinión y aprender a cómo enlazar la información. Se les proporciona una serie de conectores para que reescriban las frases, por lo que se debe informar al alumno de que, en algunos casos, tendrá que hacer cambios en la sintaxis así como en el modo de los verbos que aparecen. El ejercicio 5. es un modelo de debate que, tanto el profesor como el alumno, pueden utilizar en la clase.

El vídeo del que se ha adaptado el texto se puede encontrar en el siguiente enlace: *www.youtube.com/watch?v=D4-7rmIqdJ8*

Se le puede pedir al alumno que se fije en:
- ¿Qué tipo de argumentos utilizan los miembros de la mesa redonda?
- ¿Respetan los turnos de palabra?
- ¿Qué hace el moderador?
- ¿Qué conectores aparecen en el debate?
- ¿Cómo se argumenta y contraargumenta?
- ¿Cuáles de las intervenciones le parecen más convincentes? ¿Por qué?

¡A debate!

Se recomienda que el profesor lea en voz alta los recursos comunicativos antes del debate para que los alumnos se familiaricen con ellos. También pueden ir leyéndolos los alumnos de uno en uno.

A la vez que se hace esta dinámica es importante que el profesor haga matizaciones, ya sean gramaticales -por ejemplo, si la estructura se utiliza con el modo indicativo o subjuntivo-, de registro -si pertenecen al registro culto: *A estos efectos, consideramos que...*- o más bien informal o directo -*No te desvíes del tema*-. Es imprescindible, además, que el profesor repase junto con los alumnos las estrategias de expresión oral.

Dosier de gramática. Soluciones
El mundo en tus manos (pp. 125-128)

Usos del indicativo/subjuntivo: opinar y valorar

1. **1.** es; **2.** tuviera/tenga; **3.** conseguir; **4.** se limite; **5.** ocupa; **6.** son; **7.** haya liderado; **8.** pudieran o pudiesen; **9.** era o sería; **10.** se inaugurara o se inaugurase; **11.** refleja; **12.** subraya; **13.** calificaran o calificasen; **14.** valía; **15.** es o era; **16.** implique; **17.** haga; **18.** firmen; **19.** quiere; **20.** sea.

2. (Posibles soluciones) **1.** Me parece difícil que la protesta de los sanitarios pueda tener un éxito favorable, vista la actual situación económica del país; **2.** Resulta vergonzoso que Facebook quiera cobrar por un servicio que hasta ahora ha sido gratuito; **3.** La iniciativa me parece de mal gusto, creo que es posible concienciar a la sociedad sin tener que crear tanto escándalo; **4.** Es extraño que unos activistas hayan podido descubrir estos campos de prisioneros recurriendo a una herramienta tan sencilla como Google Earth; **5.** Resulta impresionante lo que le ha pasado a esta mujer. Es una prueba de que la tecnología es útil solo si se sabe usar correctamente.

Subjuntivo: expresar sentimientos

3. (Posibles soluciones) **1.** Me sorprendería que me hubiesen/hubieran elegido como portavoz porque nunca he participado en sus reuniones. Por esta razón, no aceptaría el cargo; **2.** Me alegraría que las manifestaciones tuvieran su efecto en contra de un proyecto así y que se defendieran los intereses de los pequeños comercios; **3.** Me daría miedo que la gente pudiera votar mediante una plataforma digital, ya que no sería fácil de controlar; **4.** Me daría vergüenza que alguien me viera manifestándome, sobre todo si es alguien de mi trabajo, como mi jefe, por ejemplo; **5.** Desearía que los padres de los alumnos pudieran opinar antes de que se tomaran estas decisiones, ya que muchos no tienen los suficientes recursos económicos como para poder comprar un ordenador portátil; **6.** Me molestaría que alguien consiguiera suplantar mi identidad y, por esto, estoy totalmente de acuerdo con las nuevas medidas de seguridad; **7.** Me haría gracia que justamente a causa de esta manifestación que me ha impedido ir a trabajar, se consiguieran mantener los puestos de trabajo y se mejoraran los contratos; **8.** Me fastidiaría que este tipo de notificaciones solo se realizara a través de Facebook en lugar de recurrir a un medio de comunicación oficial, porque no pertenezco a ninguna red social.

Las oraciones concesivas y adversativas: expresar un contraste y una oposición

4. 1. *A pesar de que* el movimiento de protesta 15-M comienza a abrirse camino en nuestro país, algunos sociólogos y economistas no están convencidos de que represente un avance social; **2.** *Aun* sabiendo los políticos que ejercer el derecho a voto es una cuestión totalmente libre y personal, quieren obligar al ciudada ciudadano a que vote en las próximas elecciones; **3.** *Aunque* todos se sorprendan de que un grupo sin líderes o afiliaciones políticas haya conseguido llegar tan lejos, habrá que esperar y ver si son capaces de mantenerse fieles a sus ideales para poder juzgar el alcance del fenómeno; **4.** *Tanto* si se consigue un consenso con los otros partidos políticos sobre la posibilidad de que los homosexuales se casen como si no, el Gobierno actual promulgará una ley para que puedan hacerlo; **5.** *Por mucho que* los ciudadanos estén abiertos a la participación y al diálogo con el sistema político, las nuevas tecnologías no conseguirán acercar la política a la ciudadanía; **6.** *Incluso* diciendo la Constitución española que la vivienda es un derecho fundamental, hay mucha gente que duerme en la calle; **7.** Una investigación muestra que Internet no favorece el aislamiento, como muchos creen, sino que las personas que más chatean son las más sociables; **8.** La globalización es un tema que concierne a todo el mundo, *no obstante*, algunos países no quieren saber nada de ella; **9.** Algunos sociólogos opinan que el movimiento del 15-M se expandirá a otros países de habla hispana. *Sin embargo*, otros sociólogos piensan que se trata de un movimiento débil sin recursos para expandirse fuera de los límites nacionales; **10.** Internet, *a pesar de* conseguir que haya más incertidumbre, al permitirnos acceder a toda la información, aumenta la autonomía de las personas.

5. 1. aunque; **2.** no obstante; **3.** sino; **4.** pese a que; **5.** sin embargo; **6.** pero; **7.** Pese a que; **8.** aunque; **9.** sino.

FOTOCOPIABLE

TAREA FINAL

Se incluyen aquí dos tareas opcionales para profundizar sobre el tema de la unidad y fomentar el trabajo en equipo o el desarrollo individual de la producción oral.

TAREA EN GRUPO
Defender una causa justa: objetivos y resultados de una ONG.
Crear y grabar una pequeña exposición oral en español con audio o vídeo a partir de las siguientes pautas:

- Elegid una asociación u ONG que defienda una causa justa.
- En grupos: buscad información sobre la asociación: sus orígenes, motivos de creación, presencia en la sociedad, etc.
    - Enumerad objetivos principales.
    - Investigad sus fuentes de financiación: apoyo público, privado, etc.
    - Explicad sus actividades y cómo llevan a cabo sus campañas de concienciación: conferencias, manifestaciones, publicidad, venta de productos, etc.
- Argumentad por qué habéis elegido esa asociación y cómo, en vuestra opinión, sus acciones contribuye positivamente al conjunto de la sociedad.
- Utilizad un vocabulario variado y que incluya expresiones que han aparecido en el tema.
- Presentad los resultados en clase. Tened preparado un guion con la información para cualquier pregunta que os puedan formular.

TAREA INDIVIDUAL
Análisis del impacto social de una red social: ventajas y desventajas.
Crear y grabar una pequeña exposición oral en español con audio o vídeo a partir de las siguientes pautas:

- Elige una red social o una plataforma de Internet que conozcas.
- Busca información sobre sus orígenes, quiénes fueron sus creadores, cuáles eran sus objetivos cuando se creó, cuál es el uso que se le da en la actualidad y cuál es el impacto social que ha tenido.
- Analiza la información y determina cuáles son sus efectos: positivos o negativos.
- Grábate mientras haces la exposición oral. Puedes utilizar un guion como apoyo visual, pero intenta que tu presentación sea lo más natural posible.
- No olvides expresar tu opinión argumentando cuál es la utilidad de la red social que has elegido en el conjunto de la sociedad.

Tema 2

INTRODUCCIÓN AL TEMA (pp. 16-17)

Estímulo visual

Se pide a los alumnos que observen la imagen y que piensen brevemente en un par de ideas de manera individual a partir de lo que les sugiere la foto. En este caso, nos encontramos con una bobina cinematográfica que junto al título del tema, «Un día de cine», nos hace pensar en las películas que podemos ver en la gran pantalla, por lo tanto, en una sala de cine y ante un gran público, no de manera individual, en casa. Este sistema fue puesto en marcha por los hermanos Lumière en París en 1896 y se sigue utilizando hasta la actualidad en los cines, donde el proyeccionista exhibe la película para los espectadores. Como se ha optado por una imagen que representa el cine que se ve en la gran pantalla, se alude a ese público más cinéfilo y purista que prefiere seguir acudiendo a una sala de cine frente a aquel que opta por verlo desde casa en la televisión, por Internet, etc., y frente a aquellas técnicas más actuales como los formatos digitales o en tres dimensiones (3D). Puede preguntarse a los alumnos si conocen películas en las que se hable sobre el séptimo arte, como *El crepúsculo de los dioses* (*Sunset Boulevard*, Billy Wilder, 1950); *Cantando bajo la lluvia* (Stanley Donen y Gene Kelly, 1952); *Ocho y medio* (*Otto e mezzo*, Federico Fellini, 1963); *Cinema Paradiso* (Giuseppe Tornatore, 1988), o *El viaje a ninguna parte* (Fernando Fernán Gómez, 1986), película española que habla, entre otras cosas, del paso del teatro al cine.

Es la ocasión también de explicar el título de la unidad, «Un día de cine», que no solamente se utiliza en el sentido literal de ir al cine, sino también en el sentido de tener un día espectacular en el que a una persona le ha salido todo bien. Por tanto, la expresión *de cine* es una locución que posee una connotación positiva y que corresponde a la idea de que, tal como ocurre en una película, se ha triunfado, se ha sido el protagonista o al menos se tiene esta sensación de éxito.

→ Puesta en común sobre las diferentes opiniones con el resto de la clase.

Soluciones: **B.** En el que todo ha salido bien.

Cuestiones previas

Por parejas o en pequeños grupos, se les pide a los alumnos que lean y que intenten dar su opinión sobre las cuestiones previas que se plantean. En las preguntas se invita al alumno a que reflexione sobre por qué el cine se considera arte y, de hecho, se le llama el séptimo arte; cómo ha evolucionado en la actualidad, si el cine solamente nos entretiene o también nos informa, y qué opinan sobre las adaptaciones que se han hecho de libros, ¿se consigue el mismo efecto? ¿recuerdan algún ejemplo concreto en el que se haya llevado con éxito un libro a la gran pantalla?

→ Puesta en común sobre las diferentes opiniones con el resto de la clase.

Un día de cine

Comenta las siguientes afirmaciones

El profesor ahora va leyendo en voz alta las afirmaciones relacionadas con el tema del capítulo (o bien es el alumno el que lo va haciendo) que pertenecen a la entrevista que posteriormente se leerá y escuchará, a fin de invitar al debate sobre el tema. Tras la lectura, los estudiantes pueden participar y comentar su punto de vista sobre cada una de ellas. En las afirmaciones se indica que ser actor *es ser otra persona*; *investigar sobre el comportamiento humano*; aunque muchas veces *se busca más un rostro que la capacidad de interpretar*, esto se ve, por ejemplo, en la sociedad actual en la que *no se tiene tan en cuenta el intelecto y a veces el cine puede ser un tanto superficial*. Lo importante es que practiquen oralmente ante el estímulo de las frases. De esta manera, se consigue fomentar la interacción desde el primer momento con vista a que sea una dinámica constante durante toda la unidad y que sirva para desenvolverse mejor en el debate final. Para terminar, puede preguntar a los alumnos cuándo han tenido *un día de cine*.

EN PORTADA (pp. 18-19)

Biografía

Primero, se pregunta a los estudiantes si conocen al actor español que aparece en la fotografía, si lo han visto actuar en alguna película o serie de televisión. Posteriormente, los estudiantes, por parejas o en pequeños grupos, completan la biografía del actor Eduardo Noriega con las palabras que se dan. Con este ejercicio se desarrolla la comprensión lectora.

→ Puesta en común sobre las diferentes opiniones con el resto de la clase.

Cuando se haga la puesta en común puede resultar útil preguntarles a los alumnos otras cuestiones relacionadas con esta biografía: ¿qué te parece la edad a la que comenzó Noriega a ser actor? ¿Crees que es más difícil ser actor si no hay una tradición familiar? ¿En qué puede ayudarle su formación musical en la carrera de actor? ¿Te suenan o has visto algunas de las películas citadas en este texto? ¿Hay alguna que según el título te apetecería o interesaría ver?

Soluciones: 1. la interpretación; **2.** la música; **3.** el conservatorio; **4.** arte dramático; **5.** el cine; **6.** cortometrajes; **7.** largometraje; **8.** panorama; **9.** papel; **10.** candidatura; **11.** el protagonista; **12.** la piel.

La entrevista
Actividad 2.

Se comprueban las respuestas con el resto de la clase a partir de la lectura del texto que puede hacerse en voz alta; un alumno hará de entrevistador y otro de entrevistado. Durante la lectura, se puede tratar de imitar el tono de las personas que participaban en la

entrevista para que la lectura se parezca a la situación real. El alumno destacará en qué párrafo concreto se dan respuesta a las afirmaciones de la comprensión auditiva.
Soluciones: 1. V. comienza a pisar fuerte en el extranjero; **2. V.** siempre intento entender el papel del otro, sin juicios; **3. V.** confesé que tenía mucho miedo; **4. F.** trabajé durante meses junto a discapacitados mentales; **5. F.** y con un profesor trabajé el cuerpo y la voz para poder acercarme a los dos colores de la paleta, es decir, que no trabajó con ningún profesor de pintura; **6. V.** hay quien tarda en percibir que el mismo actor está detrás de los dos hermanos Fuentes, y eso para mí es un piropo; **7. F.** Cuando un director de *casting* busca una cara, está valorando si ese rostro puede ser atractivo en un contexto concreto, es decir, nada se dice de que sea un productor y de que se destaque por la preparación que se tenga; **8. F.** hay medios de comunicación, como la televisión, que fomentan esta tendencia —a quedarse en la superficie—.

Actividad 3.

El alumno trata de explicar a partir del contexto dado en la entrevista las palabras o expresiones que se señalan.

Soluciones: *Ser un chico mono*: ser un chico guapo, atractivo; *pisar fuerte*: tener éxito, ya que se identifica la idea de *pisar fuerte* con *andar con seguridad* o *tener aplomo*; *descubrir el monstruo que hay en uno y el ángel que se lleva dentro*: ver la parte maligna y bondadosa que una persona lleva dentro de sí mismo; *lanzarse a la piscina*: decidirse a hacer algo; *abrir puertas*: tener oportunidades; *mostrarse pendiente del cascarón*: fijarse solo en lo superficial. Se utiliza cascarón como el de un huevo, es decir, que uno se fija en lo exterior pero no sabe en realidad lo que hay dentro.

→ En el apartado **Ahora tú** se proporcionan otras preguntas de ampliación.

El profesor les dice a los alumnos que trabajen en parejas o en pequeños grupos para reflexionar sobre las preguntas que se plantean. Siempre se ha de decir al alumno que se apoye en el vocabulario que vaya apareciendo sobre el tema, como por ejemplo las expresiones o términos relevantes relacionados con las ideas que aparezcan en la entrevista. Estas pautas serán útiles de cara al debate final que se plantea en la sección Cierre de cada uno de los capítulos.

Además, pueden plantearse otras cuestiones relacionadas con la entrevista, como las que sugerimos: ¿crees que el aspecto físico lo es todo en la profesión de actor / actriz?; ¿te parece que la personalidad de un actor puede influir en su manera de actuar?; ¿crees que la profesión de actor / actriz es fácil o difícil?; ¿piensas que todo el mundo vale para la profesión de actor / actriz?; ¿qué es lo que en tu opinión se necesita tener para saber interpretar bien un papel?

→ Puesta en común sobre las diferentes opiniones con el resto de la clase.

> **Dosier de gramática**
> Se recomienda integrar aquí el componente gramatical con el ejercicio 3. del Dosier de gramática (p. 130) en el que se trabaja el contraste de los tiempos del pasado y donde un escritor y una actriz hablan de la influencia que ejerció el cine en sus vidas, por tanto, se puede ver cómo otras opiniones complementan lo que ha dicho Eduardo Noriega en la entrevista.

MÁS PALABRAS (pp. 20-21)

Actividad 1.
En esta actividad se trabajan algunas de las expresiones de la entrevista para explotar el texto desde el punto de vista léxico.
Soluciones: 1. intentar comportarse como otra persona (líneas 3-4); **2.** Meterse de lleno en un personaje o ponerse en su lugar y si son dos personajes eso supone un doble reto o complicación (líneas 71-72); **3.** poder acercarse a las dos personalidades que tenía que interpretar (líneas 81-82); **4.** ser un halago (línea 87).

Actividad 2.
Se trata de que el estudiante trabaje la sinonimia de sustantivos, adjetivos y verbos que han aparecido a lo largo de la entrevista para, de esta manera, enriquecer el vocabulario y que su expresión oral tenga mayor riqueza léxica.
Soluciones: Sustantivos: 1. i. el rol; **2. f.** la experiencia; **3. a.** la personalidad; **4. h.** el desafío; **5. b.** la labor; **6. e.** el cumplido; **7. c.** la trascendencia; **8. d.** la ilusión; **9. j.** la cara; **10. g.** la habilidad; **Adjetivos: 1. e.** bellaco; **2. g.** sorprendente; **3. i.** cotidiano; **4. h.** complicado; **5. j.** distinto; **6. b.** ineludible; **7. a.** sencillo; **8. c.** decisivo; **9. d.** preciso; **10. f.** profesional; **Verbos: 1. c.** encarnar; **2. g.** ejercer; **3. a.** manifestar; **4. h.** rechazar; **5. i.** apreciar; **6. f.** filmar; **7. j.** proporcionar; **8. d.** promover; **9. e.** detestar; **10. b.** domar.
→ En el apartado **Ahora tú** se proporcionan preguntas de ampliación. Los alumnos, en parejas o en pequeños grupos reflexionan sobre las cuestiones que se plantean. Se debe insistir en que el alumno se apoye en el vocabulario que vaya apareciendo sobre el tema, como por ejemplo las expresiones o términos relevantes relacionados con las ideas que aparezcan en la entrevista, ya que las cuestiones que se plantean giran en torno a ella.

Actividad 3. a.
Aquí se trabajan locuciones introducidas por la preposición *de*. Conviene que el profesor haga referencia a que el título del capítulo es precisamente una de estas

locuciones *de cine*. El profesor puede explicar que los hablantes nativos, a menudo, hacen uso de las locuciones porque sirven para concretar o matizar el significado de lo que se desea expresar. Además, son una fuente de riqueza de vocabulario y poseen diferentes funciones comunicativas.
Soluciones: 1. de cine; **2.** de mala gana; **3.** de un tirón; **4.** de mala muerte; **5.** de memoria; **6.** de poca monta; **7.** de primera; **8.** de pena; **9.** de cabo a rabo; **10.** de buena fe; **11.** de pasada; **12.** de maravilla.

Actividad 3. b.
Se trata de que el alumno compruebe el significado de las locuciones anteriores según su función comunicativa, dependiendo de si se refiere al modo de describir algo de forma positiva, negativa o bien si se indica la manera en la que se lee, estudia o se sabe algo. Esta clasificación puede resultar de gran ayuda al alumno a la hora de aprender estas locuciones si se relacionan con su función.
Soluciones: Modo de describir algo positivo: *de cine*; *de primera*; *de buena fe*; *de maravilla*; modo de describir algo negativo: *de mala gana*; *de mala muerte*; *de poca monta*; *de pena*; modo de leer, estudiar o saber algo: *de cabo a rabo*; *de un tirón*; *de memoria*; *de pasada*.

Actividad de ampliación
Una vez que hayan hecho el ejercicio, se les puede pedir que creen un pequeño diálogo con estas locuciones o bien que se fomente la expresión oral pidiendo, por ejemplo, al alumno que describa algo positivo o negativo que le haya ocurrido, usando las locuciones trabajadas en esta actividad. También puede preguntarse al alumno cómo suele leer el periódico o un libro: ¿de un tirón?, ¿de pasada?

DESTACADO (pp. 22-23)

Actividad 1.
Antes de hacer el ejercicio, se pregunta a los estudiantes cuáles son las características principales que, en su opinión, contribuyen a que una película tenga éxito. A continuación, se completa la propuesta.
Soluciones: 1. b.; 2. g.; 3. j.; 4. a.; 5. i.; 6. c.; 7. h.; 8. e.; 9. d.; 10. f.
→ En el apartado **Ahora tú** se proporciona otra pregunta de ampliación sobre las características anteriores. Se puede recurrir a lo que ya han dicho antes de llevar a cabo la actividad 1.

Dosier de gramática

Se recomienda integrar aquí el componente gramatical con los ejercicios 1. y 2. del Dosier de gramática (pp. 129-130), en los que se trabaja el contraste del pretérito imperfecto e indefinido (o pretérito perfecto simple) al mismo tiempo que se dan datos sobre «El mundo del cine», título de esta sección de Destacado. En el ejercicio 1. el alumno encontrará curiosidades sobre el cine y, en el ejercicio 2., una canción de Joan Manuel Serrat, *Los fantasmas del cine Roxy*, en la que se cuenta la demolición del cine Roxy en Barcelona y se describe cómo eran los cines en la España de la posguerra. Sugerimos al profesor que utilice la canción como comprensión auditiva para que los alumnos verifiquen las respuestas que han dado con los tiempos pasados (pretérito imperfecto e indefinido). Además, puede abrirse luego un trabajo de expresión oral donde el profesor pida a los alumnos que describan cómo son las salas de cine ahora y cómo eran antes, en relación con cada uno de los países que tenemos en la clase. Asimismo, puede sugerirse la lectura del relato del escritor español Juan Marsé, del mismo título que esta canción.

Actividad 2.

Antes de realizar la actividad se les pregunta a los estudiantes si conocen lo que es una sinopsis. Si no lo saben, se les explica que es un resumen de lo que trata la película o un breve argumento. En primer lugar, les pedimos que miren los carteles y piensen, a partir de los títulos de las películas y de sus carátulas, cuáles creen que van a ser esas sinopsis. Se puede hacer la actividad en parejas y se les da a cada una un título diferente, o hacer que todos piensen en las cuatro y luego se hace una puesta en común de ideas. Les pedimos que para ello empleen la sección recursos comunicativos (p. 23) para expresar acuerdo/desacuerdo según lo que van diciendo los compañeros. Después, dejamos un tiempo para que lean las sinopsis (se puede hacer también en voz alta) y entre todos se van viendo las respuestas.

Soluciones: 1. *Abre los ojos*; **2.** *Tesis*; **3.** *El lobo*; **4.** *El mal ajeno*.

Actividad de ampliación

Aquí tiene algunas preguntas más para que los estudiantes puedan seguir con la práctica de mostrar acuerdo/desacuerdo.

1. ¡No se puede ir al cine hoy día, las entradas son carísimas! Por eso, yo prefiero ver lo que pongan por la televisión y ya está.
2. Pues a mí sí que me gusta el cine comercial en momentos en los que no me apetece pensar demasiado o cuando solo busco entretenimiento y algo de desconexión.

3. Llegar a ser actor creo que es un camino muy difícil porque triunfar en este mundo es muy complicado. Si no tienes algún contacto, no te llaman para rodar ninguna película.
4. El cine es una forma muy útil de aprender un idioma. Yo aprendí español viendo muchas películas. Primero me ponía los subtítulos y ahora ya no los necesito porque puedo entender casi todo.
5. Me parece que el cine es una de las mejores formas de pasar el tiempo libre. ¡No sé lo que haría si no existiera!
6. Estoy harto de ver siempre en el cine los mismos temas, ¿es que los directores no pueden ofrecer una temática nueva?

Actividad 3. a.

Esta actividad se puede realizar de manera individual o en grupo. Se trata de que, tras la lectura de los modelos de sinopsis anteriores, reflexionen acerca de lo que hay que tener en cuenta a la hora de elaborarlas. De nuevo son de gran utilidad las estructuras de recursos comunicativos (p. 23) para que se pongan de acuerdo entre los distintos aspectos propuestos.

Soluciones: 1. Sí, ya que es una sinopsis, es decir, algo breve, no podemos contar toda la película, solo el argumento sin desvelar demasiados detalles; **2.** No, porque como hemos dicho no se puede ir a cosas muy concretas sino a lo más general; **3.** No, no se va a lo particular; **4.** No, se recomienda ver la película ya que, aunque sea algo breve, podremos escribir con mayor rigor la sinopsis; **5.** No, nunca debemos contar el final porque arruinaríamos tanto a los espectadores como a todos los que colaboran en la película su correcta difusión; **6.** Sí, estos detalles sí que son importantes porque en cierto modo corresponden a cosas generales que no desvelan asuntos esenciales de la trama de la película.

Actividad 3. b.

Se trata de que el alumno cree su propia sinopsis a partir de las ideas trabajadas en clase. Previamente, el profesor puede recogerlas y poner solo los títulos en la pizarra, de tal manera que ellos lean su sinopsis en la clase (se aconseja que memoricen primero lo que van a decir para que se convierta en una actividad de expresión oral). Seguidamente, los demás alumnos tratarán de adivinar con qué título se corresponde. Podría darse el caso de que algún alumno haya elegido la misma película. Entonces, el profesor lo avisará antes sin decir el título de que se trata, dado que las exposiciones serán diferentes.

Actividad de ampliación

Otra opción es que el alumno busque sinopsis de películas de países de habla hispana (ya sea en periódicos, en el cine o en Internet) y comente en clase cuáles de las características de la actividad 3. b. se recogen en el texto que tiene y cuáles no.

ESPECIAL MUNDO HISPANO (pp. 24-25)

Actividad 1.

En primer lugar, se observan los cinco títulos de las películas latinoamericanas sobre las que se hace una breve reseña cinematográfica para saber si el alumno conoce alguna. Después, se pasa a completar las reseñas de las cinco películas con las palabras que faltan, fomentando así la comprensión lectora.

Como estrategia para facilitar el objetivo de la actividad, puede comentarse al alumno que trate de relacionar esas palabras con la temática que va leyendo o con la categoría de la palabra que falta (sustantivo, adjetivo, verbo) o bien según el género y el número.

Soluciones: *La estrategia del caracol*: **1.** hecho real; **2.** acoso inmobiliario; **3.** desahucio; **4.** corrupción; *La teta asustada*: **1.** angustia; **2.** creencias quechuas; **3.** indígena; **4.** abusos; *Crónicas*: **1.** manipulación; **2.** prensa amarilla; **3.** opresivos; **4.** elección; *La casa muda*: **1.** mutilados; **2.** secreto; **3.** peligro; **4.** banda sonora; *Machuca*: **1.** integración; **2.** revolución; **3.** entablar una amistad; **4.** golpe de Estado.

Actividad de ampliación

Puede preguntarse al alumno qué películas de cine hispanoamericano conoce y si recuerda de qué países son: ¿cuál de estas películas les gustaría ver y por qué? Si lo considera oportuno y tiene acceso a algunas de las películas que aquí se reseñan, se recomienda ver algún fragmento de ellas o el tráiler para comentarlo posteriormente.

Actividad 2.

Se pide al alumno que elabore previamente un texto escrito (fuera de clase) en el que haga una reseña cinematográfica a partir de las pautas que se proporcionan. Después, que intente que ese texto sea algo oral, ya que lo va a tener que presentar en clase ante sus compañeros. Puede utilizar para su presentación materiales en PowerPoint, fotos o incluso alguna secuencia de la película elegida para mostrar a los compañeros. Se destaca que el texto tiene que tener fines orales y que los modelos anteriores le sirvan de pauta para elaborar su escrito previo.

> **Dosier de gramática**
> Se recomienda integrar aquí el ejercicio 5. del Dosier de gramática (p. 131), ya que es una reseña cinematográfica sobre la solidaridad y la fuerza de las ideas de la película *La estrategia del caracol* y puede servirles como modelo.
> Además, se trabajarán las perífrasis verbales que expresan una acción acabada o en su desarrollo.

CIERRE (pp. 26-27)

Actividad 1.
A partir de las imágenes que se ofrecen en el cómic, se trata de que el alumno fomente la práctica de la narración y de la descripción, por tanto, tendrá que recordar el uso de los pasados.

En primer lugar, se recomienda que, por parejas, el alumno extraiga todo el vocabulario y aquellas palabras que no sepa se las pregunte al profesor. Por ejemplo: aparecen dos amigos sentados, uno lleva una perilla y está tomando algo; hay un sofá gris, con unos cojines fucsia, un jarrón, al fondo un armario con unos marcos de foto, una alfombra de color violeta.

En otra viñeta se ve un rodaje, las butacas que acompañan a una sala de cine, perchas con ropa, una cámara, la silla de director, un altavoz, etc. Aquí la imaginación de los alumnos puede dar varias posibilidades de interpretación.

Por un lado, se puede llevar a cabo esta actividad en grupo a partir de lo que pueden ir diciendo los alumnos de cada viñeta y, por otro, puede plantearse como una actividad de expresión escrita en la que, en grupos de cinco cada uno escribe una o dos líneas sobre cada viñeta y le va pasando el texto al siguiente, hasta que le llega al primero y lo cierra. Después, pueden leerse en clase como si fuera el pequeño guion de una historieta cinematográfica.

Actividad 2. a.
El objetivo es que el alumno sea capaz de describir la película que le gustaría protagonizar si tuviese la oportunidad de hacerlo.

Actividad 2. b.
En parejas, los alumnos imaginan una posible escena de la película en la que quieren participar. Se trata de que luego la interpreten ante el resto de compañeros, teniendo en cuenta la entonación, la pronunciación y la vocalización como si fueran verdaderos actores y, por supuesto, el lenguaje no verbal como la expresión corporal, los gestos, la proxémica (o la distancia entre personas cuando interactúan).

Actividad de ampliación
El profesor puede seleccionar una secuencia de una de las películas de Eduardo Noriega citadas en la sección Destacado o en la entrevista (*Canciones de amor en Lolita's Club*) para que vean al actor y su interpretación. Puede prepararse la transcripción y que luego la practiquen como un trabajo también previo a la actividad 2. b.

Dosier de gramática

Se recomienda integrar aquí el componente gramatical con el ejercicio 4. del Dosier de gramática (p. 131), en el que se trabajan las perífrasis verbales que marcan una acción acabada o en su desarrollo.

Se puede pedir a los alumnos que en la narración y descripción de las viñetas incluyan estas perífrasis. Ej.: *Los actores van conociendo las claves del rodaje mientras aún andan buscando la manera de perfilar al personaje que tienen que interpretar.*

Si el profesor así lo prefiere, puede optar también por integrar aquí los ejercicios 1., 2. y 3. del Dosier de gramática (pp. 129-130), puesto que en esta sección se practica el contraste entre narración y descripción.

Actividad 3.

Aquí se pone en práctica otro género oral, que es el de la tertulia, en este caso cinematográfica, en la que los alumnos participan a partir de las cuestiones planteadas. Se explica que básicamente se trata de exponer sus opiniones y conocimientos sobre lo que se plantea en este apartado, teniendo en cuenta que hay que ceder la palabra, respetar los turnos en la conversación y, si un tema se está agotando, ser capaz de pasar al siguiente. Para ello, es de gran utilidad que el alumno observe primero e interiorice los recursos comunicativos (p. 27) para interrumpir e introducir un nuevo tema y las estrategias de expresión oral (p. 27) que se ofrecen para poder participar en una tertulia.

¡A debate!

Se lee con detenimiento el tema que se plantea en este debate, «Cine y televisión, ¿medios de comunicación enfrentados?», además de las sugerencias que se dan en la manera de intervenir en él y de los recursos comunicativos (p.27) para solicitar una explicación y pedir confirmación que se ofrecen para su utilización.

Dosier de gramática. Soluciones
Un día de cine (pp. 129-131)

Los tiempos del pasado

1. **1.** se convirtió/quería/daban/quería/daban; **2.** alimentaba/era/resultaba/se llamaba/nació; **3.** quería/recomendó; **4.** hablaron/quiso/era; **5.** fue/fue/rechazó/quería; **6.** eligió/sonó/triunfaba; **7.** comenzó/grabó/nominaron/abandonó; **8.** fue/llegó/envió/escandalizó/se decantaron.
2. **1.** fue; **2.** iluminaba; **3.** echaban; **4.** tomaban; **5.** apagaban; **6.** era; **7.** faltaba; **8.** tuvo; **9.** fue; **10.** juró; **11.** aplaudió; **12.** dijo; **13.** fui; **14.** lloraron; **15.** anunciaron; **16.** dio; **17.** se desplomó.

3. a) Adolfo Bioy Casares: **1.** pasamos; **2.** empezamos; **3.** perdía; **4.** aseguraba; **5.** era; **6.** hizo; **7.** manejó; **8.** cuidaba; **9.** extrañaba; **10.** solía; **11.** sabía; **12.** había ido; **13.** veía; **14.** entraba; **15.** me aficioné; **16.** me convertí.

b) Amelia Bence: **1.** estudiaba; **2.** tuve; **3.** daba; **4.** había escrito; **5.** se llamaba; **6.** trabajaba; **7.** interpretaba; **8.** tenía; **9.** empecé; **10.** dijo; **11.** he admirado; **12.** me convertí; **13.** llamaron; **14.** se había cumplido; **15.** me había convertido.

Las perífrasis verbales: expresar una acción acabada y en desarrollo

4. 1. estoy viendo/voy conociendo. **2.** ha dejado preparada/anda buscando/alcanza a pensar; **3.** viene diciendo/dejarán de ir; **4.** llevo leídos/acabé de leerlo; **5.** lleva estudiando/ha llegado a conseguir; **6.** dio por terminada.

Acción acabada: ha dejado preparada; alcanza a pensar; dejarán de ir; llevo leídos; acabe de leerlo; ha llegado a conseguir; dio por terminada.

Acción en desarrollo: estoy viendo; voy conociendo; anda buscando; viene diciendo; lleva estudiando.

5. 1. anda buscando; **2.** lleva convencido; **3.** deja de creer; **4.** va jugando; **5.** va dando; **6.** llega a conseguir; **7.** viene contándonos; **8.** deja de vincular.

TAREA FINAL

Se incluyen aquí dos tareas opcionales para profundizar sobre el tema de la unidad y fomentar el trabajo en equipo o el desarrollo individual de la producción oral. En ambos casos, se anima a que el alumno produzca textos auténticos sobre un determinado tema y que haga uso de las nuevas tecnologías como herramienta en el aprendizaje de la lengua.

TAREA EN GRUPO
Grabar un cortometraje en español.
- En grupos decidid qué papel tendrá cada uno en el rodaje de vuestra película:
  - Director: coordina todo el proceso de grabación.
  - Cámara: es responsable de la grabación de las escenas.
  - Guionista: se encarga de escribir la mayor parte del texto de la película.
  - Actores: tienen que dar vida al guion según las pautas marcadas por el director.
- Elegid un género, un tema, un título y una ambientación posible para el rodaje. Ej.: Una película romántica, de acción, de terror, sobre un tema de actualidad, etc.
- Intentad que el vocabulario utilizado sea variado e incluid algunas de las expresiones y palabras nuevas que han aparecido a lo largo de este capítulo.
- Cuando vuestra ópera prima esté terminada, presentadla a concurso junto con las demás películas de vuestros compañeros. Podéis grabaros con una cámara de vídeo o con un teléfono móvil.
- Después de haber visionado todas las películas, cada uno tendrá que votar por la que más le haya gustado argumentando sus razones.

TAREA INDIVIDUAL
Presentación oral sobre un / a actor / actriz.
- Elige a un conocido actor (o actriz) de un país de habla hispana.
- Busca en Internet información sobre su biografía, selecciona lo más importante y utiliza tus propias palabras a la hora de redactar tu texto.
- Busca alguna anécdota que le haya sucedido en el rodaje de alguna de sus películas o cortometrajes. Si no encuentras nada, señala por qué son relevantes sus películas.
- Haz una presentación oral tratando de que sea lo más natural posible.
- Grábate, pero no leas el texto y ten a mano unas anotaciones para ayudarte a recordar la información. Mira hacia la cámara y no mires constantemente al papel.

Tema 3

INTRODUCCIÓN AL TEMA (pp. 28-29)

Estímulo visual

En unos dos minutos se les puede pedir a los alumnos que observen la imagen y que piensen en un par de ideas de manera individual. En este caso, observamos a una persona que está tomando una fotografía como si nos retratara en ese mismo instante. Esta imagen sugiere la inmediatez y la rapidez con la que viaja la información hoy día. También hace referencia al impacto de las plataformas digitales que permiten, en la actualidad, que una imagen pueda recorrer el planeta en cuestión de segundos. Por último, la imagen, al estar desenfocada o verse borrosa, también plantea el derecho a la privacidad y hasta qué punto el periodismo nos informa o puede fomentar también la intromisión en la vida de algunas personas que constantemente están en el punto de mira de los medios de comunicación.

→ Puesta en común sobre las diferentes opiniones con el resto de la clase.

Soluciones: **C.** Que es objetivo e independiente.

Cuestiones previas

En parejas, o en pequeños grupos, se les pide a los alumnos que lean y que intenten dar su opinión sobre las cuestiones previas que se plantean. Las preguntas se pueden responder de diferentes maneras, pero es conveniente que en este capítulo los estudiantes reflexionen sobre dos puntos de vista fundamentales en relación con el periodismo. Por un lado, la objetividad del hecho y el derecho a informar y a que estemos al corriente de lo que ocurre a nuestro alrededor y, por otro, la subjetividad de quien informa, por qué lo hace, para qué y si esta información en algunos casos no se corresponde en su totalidad con la realidad o incluso puede llegar a manipular a las personas.

→ Puesta en común sobre las diferentes opiniones con el resto de la clase.

Comenta las siguientes afirmaciones

Ahora el profesor o los alumnos van leyendo en voz alta las afirmaciones que proceden de la entrevista a fin de invitar al debate sobre el tema del capítulo. Tras la lectura, pueden participar y comentar su punto de vista. En las afirmaciones ya se pone de manifiesto que el tipo de periodismo que se analiza en la entrevista no es un periodismo convencional que, por ejemplo, se ocupa de temas de política o de actualidad, sino que tiene que ver con el ámbito de lo misterioso y con numerosos hechos que, pese a haber sido investigados, todavía permanecen como inexplicables.

Periodismo sin fronteras

EN PORTADA (pp. 30-31)

Biografía
Los estudiantes por parejas, o en pequeños grupos, leen la biografía del periodista Íker Jiménez y tratan de responder a la pregunta que se les plantea. Una posible respuesta es decir que le llaman *el periodista del más allá* porque se dedica a investigar fenómenos paranormales, así como misterios, leyendas urbanas o hechos que siguen siendo un tanto inexplicables desde un punto de vista lógico o científico.
→ Puesta en común sobre las diferentes opiniones con el resto de la clase.

La entrevista
Actividad 1. a.
Soluciones: 1. Sí. *Desde una edad temprana mostró interés por el mundo de lo misterioso*; **2.** No. *A punto de cumplir 11 años, ocurrieron una serie de sucesos extraños en mi Vitoria natal*; **3.** Sí. *...descubrí el apasionante y polémico tema de los ovnis y empecé a hacer entrevistas a los testigos con mi modesta grabadora*; **4.** Sí. *He visto y escuchado cosas que no he sabido explicar, como las psicofonías. Eso me ayuda a continuar, sabedor de que a veces ocurren cosas que no se pueden explicar*; **5.** No. *...mostrar, sin poseer ninguna verdad absoluta, que la vida es en sí un arcano apasionante, que no todo está descubierto, que la existencia es una aventura y en eso es en lo que creo con toda mi fe*; **6.** No. No se dice nada al respecto; **7.** Sí. *Me conformo con experimentar cada día con el gran misterio del que casi nadie se da cuenta, el que nadie resolverá y el más importante de todos: la gran pregunta, la realidad, la vida.*

Actividad 1. b.
Puede pedir a los alumnos que uno lea las preguntas y otro las respuestas (entrevistador/entrevistado). Puede detenerse en aquellos aspectos que hayan podido ser relevantes para la actividad 1. a., ya sea desde el punto de vista léxico o gramatical, pero sobre todo oral. Por ejemplo, les puede sorprender que ya desde niño este periodista se haya interesado por estos temas y que fuera con una grabadora entrevistando a la gente, lo cual demuestra que la profesión de periodista requiere iniciativa.

Actividad 2.
En esta actividad tienen que unir las definiciones con los temas que aparecen. Se les puede preguntar a los alumnos si conocen todos estos fenómenos para así dar pie al

trabajo de expresión oral. En el caso de las líneas de Nazca, conviene que el profesor haga antes una búsqueda en Internet de algunas imágenes, por si no las conocen.

Soluciones: 1. b. ovnis («ovni» en español significa *objeto volador no identificado*); **2. c.** psicofonías; **3. a.** las líneas de Nazca (Perú); **4. d.** leyendas urbanas.

→ En el apartado **Ahora tú** se proporcionan preguntas de ampliación. Los alumnos, en parejas o en pequeños grupos, reflexionan sobre las cuestiones que se plantean. En el caso de las preguntas *¿Has vivido algún suceso extraño o inexplicable? ¿Cuándo y cómo fue?*, se les puede decir también que hagan referencia a algo que les hayan contado o, por ejemplo, a un sueño que hayan tenido y que se haya cumplido, un presentimiento, cualquier hecho que les haya sorprendido y que no hayan podido explicar de manera lógica.

Actividad de ampliación

Se puede ampliar información sobre los programas en los que ha colaborado el periodista Íker Jiménez en el siguiente enlace del canal de televisión español Cuatro: *http://www.cuatro.com/cuarto-milenio*. Pueden seleccionar un caso concreto, como por ejemplo el que se menciona en la entrevista de las apariciones de mujeres en las carreteras o el de las líneas de Nazca. De esta manera, se trabaja la comprensión audiovisual. Asimismo se puede utilizar la página web del canal de radio español Cadena Ser: http://*www.cadenaser.com/milenio3*, donde están los *podcasts* del programa de radio *Tercer Milenio*, donde Íker Jiménez trabajó durante varios años.

→ Puesta en común sobre las diferentes opiniones con el resto de la clase.

MÁS PALABRAS (pp. 32-33)

Actividad 1.

En esta actividad se trabajan locuciones que comienzan por la preposición *sin*, como la que aparece en el título del capítulo *sin fronteras*, es decir, *sin límites*. El profesor puede explicar que los hablantes nativos a menudo hacen uso de las locuciones porque sirven para concretar o matizar el significado de lo que se desea expresar. El profesor se tiene que asegurar de que los estudiantes entienden bien las expresiones que se trabajan.

Soluciones: 1. b. *sin ir más lejos*: sin buscar más; **2. a.** *sin rodeos*: con sinceridad; **3. b.** *sin venir a cuento*: sin estar relacionado; **4. a.** *sin lugar a dudas*: efectivamente; **5. a.** *sin tapujos*: sin reservas; **6. a.** *sin comerlo ni beberlo*: sin haber tomado parte; **7. a.** *sin trampa ni cartón*: con total sinceridad; **8. a.** *sin oficio ni beneficio:* sin hacer nada.

Actividad de ampliación

Se les puede pedir a los alumnos que, por parejas, creen un pequeño diálogo en el que hagan uso de al menos dos de las locuciones que acaban de aprender. También se les pueden plantear preguntas para que las pongan en práctica: ¿Alguna cosa que hayas hecho sin tapujos? ¿Algo que hayas dicho sin venir a cuento? ¿Conoces a alguien sin oficio ni beneficio?, etc.

Actividad 2.

En esta actividad se muestra que en español existen palabras que se parecen pero que, al tener diferentes géneros, se diferencian entre sí por su significado. Los alumnos pueden definirlas oralmente, primero por parejas y luego con el resto de la clase. Con esta dinámica se fomenta el aprendizaje del vocabulario, además de hacer hincapié sobre la importancia de aprender correctamente el género de los sustantivos. Por un lado, vemos que existen palabras que cambian explícitamente de género. Ej.: *el banco* (el lugar donde se deposita el dinero o donde uno se puede sentar en un parque)/*la banca* (nombre genérico que identifica la actividad bancaria y que aglutina todos los bancos). Por otro lado, existen otras cuyo género viene determinado explícitamente por el artículo determinado o indeterminado, así como por la concordancia de la palabra. Ej.: *el coma* (estado inconsciente de un enfermo)/*la coma* (el signo ortográfico), ya que ambas palabras sin el artículo son idénticas en su forma.

Soluciones: 1. *el capital*: cantidad de dinero necesaria, por ejemplo, para constituir una empresa/*la capital*: población principal o cabeza de un estado o provincia; **2.** *el cura*: sacerdote que se ocupa de instruir y adoctrinar a sus feligreses/*la cura*: tratamiento para conseguir estar sano ante una enfermedad; **3.** *el final*: que termina o remata una cosa/*la final*: la última competición de un campeonato o concurso; **4.** *el mañana*: tiempo futuro más o menos próximo a nosotros/*la mañana*: tiempo que transcurre desde que amanece hasta mediodía; **5.** *el margen*: espacio que queda en blanco a cada uno de los cuatro lados de una página/*la margen*: extremidad y orilla de una cosa (por ejemplo, de un río); **6.** *el parte*: comunicación transmitida por televisión, por ejemplo/*la parte*: cantidad o porción de algo; **7.** *el pendiente*: adorno o complemento que se suele colgar de las orejas/*la pendiente*: la inclinación (por ejemplo, de una montaña); **8.** *el vocal*: portavoz o persona que tiene voz en un consejo o en una asamblea/*la vocal*: sonido del lenguaje humano (en español: *a, e, i, o, u*).

Actividad de ampliación

Una vez que hayan hecho el ejercicio, se les puede preguntar si conocen otros pares de palabras similares. He aquí algunos ejemplos: *el cometa* (el astro)/*la cometa* (estructura de tela con un armazón de madera o de plástico con la que juegan los niños cuando hace viento); *el bolso* (bolsa de tela o de plástico reforzado para meter ropa u objetos o bolsa de mano, generalmente pequeña, de cuero, tela u otras materias, provista de cierre y frecuentemente de asa, usada especialmente por las mujeres para llevar dinero, documentos, objetos de uso personal)/*la bolsa* (de plástico); *el manto* (o capa de algo, de nieve, etc.)/*la manta* (para taparse cuando se tiene frío, por ejemplo, en la cama, en un avión, etc.); *el partido* (de fútbol, baloncesto, etc.)/*la partida* (de ajedrez, de cartas, etc.); *el cuchillo* (objeto para cortar)/*la cuchilla* (objeto para afeitarse), etc.

Actividad de ampliación
Se les puede pedir a los alumnos que en parejas escriban un par de frases en las que utilicen correctamente dos pares de palabras. Deberán prestar atención a sus diferentes significados y utilizarlas correctamente. Se les puede dar el siguiente ejemplo: *A María se le cayó un pendiente cuando iba corriendo por la pendiente del parque.*

Actividad 3. a. y b.

En esta actividad se pretende que el alumno se familiarice con la importancia de la variedad léxica en la lengua. Es importante recordar que muchas veces tendemos a utilizar los mismos verbos para expresar diferentes significados, como ocurre por ejemplo con los llamados *verbos comodín* que se trabajan en esta actividad: *dar, hacer y haber*. Estos verbos se adaptan a muchos contextos, pero al utilizar otros sinónimos conseguimos concretar el significado, añadir variedad al discurso y, por lo tanto, mostrar riqueza léxica y dominio del idioma. Para concienciar al alumno sobre el efecto que se consigue al utilizar un verbo u otro se puede mencionar el siguiente ejemplo: *Necesito hacer un informe y, por tanto, te quería pedir que me dieras una serie de datos/Necesito elaborar un informe y, por tanto, te quería pedir que me proporcionaras una serie de datos.*

Soluciones: 1. existen (razones); **2.** ofrecería (la oportunidad); **3.** llevar a cabo (tareas); **4.** brindar (la posibilidad); **5.** entablar (amistad); **6.** elaborar (un esquema); **7.** realizamos (entrevistas); **8.** llevó a (cambiar de opinión); **9.** se celebrarán (elecciones); **10.** han arrojado (luz); **11.** proporcionan (datos); **12.** suministrar (información); **13.** formular (una pregunta); **14.** ha causado (buena impresión).

En las soluciones se indica el sustantivo o la información a la que el verbo hace referencia, ya que algunas de las formas verbales funcionan a modo de colocaciones léxicas. Los estudiantes deberían estar ya familiarizados con este concepto, pues ha aparecido en capítulos anteriores.

Actividad 3. b. de ampliación
Una vez que se ha hecho la actividad, se puede leer junto con la clase la versión con y sin verbos comodín para que los estudiantes aprecien la diferencia estilística y de registro que se consigue mediante la concreción semántica.

Actividad 3. c.

Es importante recordar aquí que muchos de los verbos que aparecen funcionan como colocaciones léxicas. Por parejas se les puede pedir que escriban una frase con cada uno de estos verbos. Ej.: coexisten (verbo coexistir): *Diferentes culturas coexistieron durante la Edad Media en la península ibérica.*

Soluciones: 1. b. Ejecutar... un plan, una sentencia; **2. h.** Saldar... una deuda, un compromiso, un impuesto o una obligación; **3. k.** Infundir... respeto, confianza, desconfianza, miedo; **4. l.** Aportar... datos, pruebas, información; **5. g.** Conmemorar... un aniversario, un centenario, un acontecimiento especial; **6. m.** Emprender... un camino, un viaje, una aventura; **7. i.** Acarrear... problemas, riesgos, inconvenientes; **8. d.** Confeccionar... una prenda de ropa, un plato, un menú; **9. j.** Otorgar... un derecho, un préstamo, una ayuda; **10. e.** Coexistir... varias tendencias, varias culturas, una diversidad de opiniones; **11. f.** Derramar... un líquido, lágrimas, sangre; **12. c.** Abastecer... de alimentos, la demanda, el mercado; **13. a.** Acatar... una orden, una ley, una resolución.

DESTACADO (pp. 34-35)

Actividad 1.

Por un lado, esta actividad proporciona vocabulario relacionado con el tema de la unidad y, por otro, se pretende que el alumno lea una serie de opiniones sobre el periodismo.

Soluciones: 1. libertad de prensa; **2.** reportero; **3.** agencia de información; **4.** objetividad; **5.** acreditación periodística; **6.** corresponsal; **7.** fuente; **8.** censura; **9.** libertad de expresión; **10.** tirada.

→ En el apartado **Ahora tú** se proporciona una pregunta para que los alumnos decidan si no están de acuerdo con algunas de las opiniones que acaban de completar.

> **Dosier de gramática**
> Se recomienda integrar aquí el componente gramatical con los ejercicios 1. y 2. del Dosier de gramática (pp. 132-133) en los que se trabaja el artículo determinado e indeterminado. En el ejercicio 2. del dosier se habla sobre la profesión de periodista, por lo que se puede aprovechar el tema para preguntarles a los alumnos por su opinión.

Actividad 2.

En esta actividad los alumnos tienen que ordenar los diferentes párrafos de una noticia para que su lectura resulte coherente. El profesor puede hablar de la coherencia u orden de la información que en un texto se debe desarrollar de manera lógica. Una vez que se ha completado, se puede ir leyendo la noticia de manera conjunta con el resto de la clase.

Soluciones: 1. E; **2.** C; **3.** A; **4.** B; **5.** F; **6.** D.

Actividad de ampliación

Se les puede indicar a los alumnos que consulten la página web *www.buymyface.com*, donde encontrarán más información e imágenes relacionadas con la noticia. Pueden seleccionar algunas y comentar qué es lo que se anuncia y si creen que se trata de una técnica de *marketing* que resulta eficaz.

→ En el apartado **Ahora tú** se proporcionan preguntas de ampliación relacionadas con la actividad 2. Se puede trabajar primero en parejas y después llevar a cabo una puesta en común con el resto de la clase. También se les puede preguntar por qué creen que es noticia, a qué público estaría dirigida, en quién suscitaría interés, en qué sección de un periódico aparecería, etc.

> **Dosier de gramática**
> Se recomienda integrar aquí el componente gramatical con los ejercicios 3. y 4. del Dosier de gramática (pp. 134-135), en los que se trabaja la voz pasiva. Los estudiantes acaban de reconstruir una noticia en la actividad 2. (p. 35) de la unidad, por lo que puede resultar interesante mencionar que la voz pasiva es un rasgo característico del lenguaje periodístico para luego proceder a la práctica.

ESPECIAL MUNDO HISPANO (pp. 36-37)

Actividad 1.

En esta sección conviene que el profesor se informe primero de los diferentes periodistas del mundo hispano que se mencionan, a fin de poder proporcionar más contexto a los alumnos. También se les puede preguntar cuál de las labores de periodista que se citan les parece más interesante o más difícil, así como las cualidades que un periodista debe poseer.

Soluciones: 1. Walter Astrada (mujeres que llevan cestos de ropa en la India); **2.** María del Carmen Aristegui Flores (boca tapada con dos trozos de esparadrapo, que simboliza la censura de la presentadora de televisión); **3.** Pablo Corral Vega (montaña nevada como ejemplo de sus fotografías); **4.** Hollman Felipe Morris (unos periódicos atados con unas cadenas, lo que simboliza la falta de libertad de prensa); **5.** Fernando Molina (mapa antiguo de Latinoamérica que representa su trayectoria ensayística sobre la historia del continente); **6.** Marta Rojas (una silueta de un militar con un atardecer de fondo que simboliza que ha trabajado como corresponsal de guerra).

→ En el apartado **Ahora tú** se proporcionan preguntas de ampliación.

CIERRE (pp. 38-39)

Actividad 1.

Esta actividad está diseñada para que el alumno se familiarice con la narración periodística. Es importante que el profesor y los alumnos lean en clase las diferentes estrategias de expresión oral (p. 38), dado que las pautas que se indican pueden ser de gran utilidad a la hora de narrar una noticia. Se le pide al alumno que añada otros consejos para el decálogo del buen periodista. He aquí algunas propuestas: intenta captar la atención del interlocutor; pronuncia bien las palabras y asegúrate de que se te oye bien; dirígete al público con naturalidad y mantén el contacto visual, etc.

Actividad 2.

En esta actividad pueden trabajar primero de manera individual durante unos minutos, después contrastar sus respuestas con un compañero de clase y, a continuación, hacer una puesta en común. Lo importante es que sepan argumentar sobre por qué han elegido un orden determinado para los consejos y que expliquen cuáles les parecen más o menos importantes. Para ello deberán hacer uso de las estructuras para aconsejar que aparecen en el apartado recursos comunicativos (p. 38).

> **Dosier de gramática**
> Se recomienda integrar aquí el componente gramatical con el ejercicio 5. del Dosier de gramática (p. 135), en el que se trabajan los conectores y algunas expresiones hechas como mecanismos de cohesión en el discurso. Esta práctica les resultará útil para la siguiente actividad de la unidad (actividad 3. p. 39), en la que tienen que documentar un suceso, redactar una noticia y exponerla oralmente.

Actividad 3. a.

El profesor puede incidir sobre la importancia de dar respuesta a todas las preguntas que se mencionan a la hora de narrar una noticia.

Actividad 3. b.

En esta actividad se pide a los alumnos que clasifiquen una serie de conectores y expresiones según su función comunicativa. Además de familiarizarse o repasar todas estas expresiones, se incide en la idea de su utilidad para organizar, estructurar y cohesionar el discurso (diferentes partes de una frase, un párrafo, un texto, etc.). Se les puede decir que hay cuatro marcadores para cada categoría, pero que alguno puede cumplir varias funciones.

Soluciones: a. Comenzar o introducir una idea: 1. *A modo de introducción podemos decir que..../en primer lugar./para empezar./el objetivo./propósito de mi exposición es el de.*; **b. Aclarar el contenido: 2.** *Como he mencionado..../es decir./en otras palabras./dicho de otra manera./de otro modo*; **c. Expresar causa: 3.** *A causa de..../debido a./puesto que./ya que*; **d. Ejemplificar o detallar información: 4.** *Baste como muestra..../pongamos por caso./sirva a modo de ejemplo./en concreto*; **e. Concluir o recapitular: 5.** *A modo de resumen..../finalmente./en conclusión./para finalizar.*

→ Nota: El marcador *en concreto* también puede tener una función *para aclarar el con-*

tenido, ej.: *en concreto* (es decir) *me refiero a...* Aquí se ha puesto como marcador para ejemplificar, ej.: *en concreto* (por ejemplo) *lo que ha sucedido estos días...*

¡A debate!

Se recomienda que el profesor lea en voz alta las estructuras para *contraargumentar* de la sección recursos comunicativos (p. 39), antes del debate, a fin de que los alumnos se familiaricen con ellas. También pueden ir leyéndolas una en una para que su uso, registro, significado, etc., estén claros. A la vez que se hace esta dinámica, es importante que el profesor haga matizaciones, ya sean gramaticales (por ejemplo, si la estructura se utiliza con el modo indicativo o con el subjuntivo), o de registro, si pertenecen al registro culto (*no te discuto que..., pero./no obstante*), o más bien informal o directo (*yo no te digo que no..., pero./sin embargo./ahora bien*). Es conveniente que el profesor incida sobre las pautas que se proporcionan para la realización del debate, tanto sobre su contenido como sobre el modo de llevar a cabo las intervenciones orales durante el mismo.

Dosier de gramática. Soluciones
Periodismo sin fronteras (pp. 132-135)

El artículo determinado e indeterminado

1. 1. ø/la/el/las/la/la; 2. la/ø/una/el; 3. una/los/un/ø/el/la; 4. la/la/la/el; 5. la/el/el/ø/La/los/los; 6. el/El/unos/las/una/las; 7. los/el/ø/la/el/la/la; 8. la/la/la/la/las/una; 9. el/ø/ø/ø/ø; 10. la/la/un/una/un/la.

2. 1. el; 2. la; 3. ø; 4. ø; 5. ø; 6. el; 7. el; 8. la; 9. la; 10. unos; 11. una; 12. la; 13. el; 14. los; 15. las ; 16. la 17. el; 18. la; 19. el; 20. ø; 21. la; 22. un; 23. la; 24. ø; 25. la; 26. una; 27. el; 28. el; 29. una; 30. un; 31. un; 32. el; 33. la; 34. las; 35. los; 36. los; 37. las.

La voz pasiva

3. 1. Antiguamente, todas las góndolas en Venecia *eran pintadas* de color negro, excepto las que pertenecían a altos oficiales; 2. En sus primeras incursiones cinematográficas, Archibald Leach *fue rechazado* en numerosas ocasiones por ser demasiado delgado. Años después *fue contratado* por 450 dólares semanales y pasó a llamarse Cary Grant; 3. El maquillaje de ojos *era usado* por los antiguos egipcios con un propósito estético pero también para protegerse contra ciertas enfermedades; 4. Cuando la obra principal de Rodin, *La Edad de Bronce*, fue expuesta, causó gran sensación. Era tan real que *fue acusado* de haberla moldeado sobre un cuerpo de carne y hueso; 5. Miguel de Cervantes Saavedra y William Shakespeare *son considerados* los más grandes exponentes de la literatura hispana e inglesa respectivamente. Ambos murieron el 23 de abril de 1616; 6. Una partícula de sangre entre 100 millones de partículas de agua *puede ser detectada* por un tiburón; 7. Un sistema

de alarma de los latidos del corazón para llevar en la muñeca *fue creado y patentado* por los hermanos Marx; **8.** En 1987, tras eliminar una aceituna de cada ensalada que *era servida* en primera clase por la compañía aérea American Airlines *fueron ahorraros* $40 000; **9.** Los primeros billetes europeos *fueron fabricados* en Suecia en el año 1661. *Eran entregados* como recibo o resguardo a quien depositaba oro o plata en el Banco de Estocolmo; **10.** El 22 de octubre de 1936, 7 800 cajas repletas de oro *fueron cargadas* por rusos y españoles en el puerto de Cartagena con destino a Rusia para evitar que *fueran robadas* durante la Guerra Civil. Desafortunadamente, nunca más se supo del denominado *oro de Moscú*.

4. Nueve años antes de que *el explorador y político estadounidense Hiran Bingham descubriera Machu Picchu*, el agricultor peruano Agustín Lizárraga ya había llegado hasta la ciudadela Inca; así lo explica el escritor cuzqueño, Américo Rivas.

En su obra, titulada *Agustín Lizárraga: el gran descubridor de Machu Picchu*, Rivas añade detalles inéditos a una historia *conocida y aceptada* por los especialistas, pero que *el público general, incluso en el propio Perú, desconocía por completo*.

Rivas *ha reivindicado la figura de aquel agricultor* en un intento de dar a conocer la historia. Según el autor del libro, fue el interés por buscar nuevas tierras de cultivo lo que llevó a Lizárraga a descubrir Machu Picchu, donde llegó un 14 de julio de 1902, tal como *plasmó* el agricultor en una de las paredes de la ciudadela, un detalle que incluso Bingham *había documentado* en sus diarios del viaje.

Américo Rivas eligió el centenario de la llegada de Bingham a Machu Picchu como el momento propicio para dar a conocer su libro. Para ello, Rivas contó con una fuente novedosa: una larga carta *escrita* en 1961 por Adriel Palma, hijo de Enrique Palma, uno de los acompañantes de Lizárraga en su primera expedición, y en la que *describe/se describe* la historia con detalle: «recorrieron todo el día Machu Picchu, encontrando palacios y demás construcciones, aún con cerámicas en las hornacinas; parecía que *habían abandonado/se había abandonado* la ciudad de golpe», señaló Rivas.

Durante las celebraciones del centenario, la *municipalidad de Cuzco condecoró a varios familiares de Lizárraga* en un nuevo intento por reivindicar su figura; sin embargo, y según confirmó a la Agencia Efe la familia, *no habían invitado/no se había invitado* a ningún descendiente del descubridor de Machu Picchu a la ceremonia central en la ciudadela Inca.

Conectores y expresiones hechas
5. Todas las opiniones difundidas en las últimas semanas relacionadas con el género —suscritas por académicos, especialistas en sexismo, lingüistas o polemistas en general— tienen razón, *aun* pareciendo enfrentadas. *Por un lado* escriben quienes creen que las palabras pueden cambiar la realidad. Y *por otro*, quienes sostienen

que es la realidad la que cambia las palabras. *Dicho de una forma más* técnica: quienes ponen su punto de mira en los significantes y quienes se fijan más en los significados.

Quizás la expresión *los derechos de los españoles y las españolas* se asocie en nuestro contexto a una mera diferencia de sexo en una situación de igualdad jurídica; *pero* podemos dudar si sucederá lo mismo al decir *los derechos de los saudíes y las saudíes*. *Tal vez* en este segundo caso el contexto nos haga separar a los saudíes de las saudíes, en la misma estructura gramatical que juntaba a los españoles y a las españolas. *Dicho de otro modo*: no por ser iguales en el lenguaje somos iguales en la sociedad.

La palabra *llave* designó siempre un objeto metálico que sirve para abrir y cerrar las puertas. *Sin embargo*, en el hotel nos dan una tarjeta de plástico y nos dicen *aquí tiene usted su llave*. *Por tanto*, ha cambiado la realidad sin que cambie la palabra que la nombra.

Llevado todo esto al problema de la discriminación o la ocultación de la mujer, da la sensación de que las posturas se dividen entre quienes esperan que los cambios sociales modifiquen los *significados* (como está sucediendo con *mujer pública*) y quienes prefieren actuar primero y con urgencia sobre los *significantes* (y elegir *la judicatura* en vez de *los jueces*, o *el profesorado* en vez de *los profesores*).

En definitiva, un grupo piensa que se cambiará antes la realidad si se cambian primero las palabras y el otro cree que cambiar la forma de hablar de millones de personas puede ser incluso menos rápido que cambiar la realidad. *Por el contrario*, quienes critican esta segunda perspectiva opinan que, así como son necesarias las cuotas para que la mujer ocupe su lugar (y yo estoy a favor de las cuotas), hace falta intervenir en el idioma para acelerar también la igualdad gramatical y social.

Tanto cambian la realidad y el contexto nuestra percepción de los vocablos que una expresión inclusiva como *mis padres* (nadie habría dudado hasta hace poco que eso incluye al padre y la madre) puede dejar de serlo y parecer ambigua *a medida que* se den más casos de hijos con dos padres varones.

No tenemos la forma de calcular si resultará más rápido cambiar los significantes que usan millones de personas o más rápido cambiar esta realidad tan masculina para cambiar así nuestros significados. *De ahí que* podamos considerar las dos posturas *igualmente* bienintencionadas y pensar que con ambas se puede avanzar hacia el objetivo.

FOTOCOPIABLE

TAREA FINAL

Se incluyen aquí dos tareas opcionales para profundizar sobre el tema de la unidad y fomentar el trabajo en equipo o el desarrollo individual de la producción oral. En ambos casos, se anima a que el alumno produzca textos orales auténticos sobre un determinado tema y que haga uso de las nuevas tecnologías como herramienta en el aprendizaje de la lengua.

TAREA EN GRUPO
Vamos a realizar entrevistas.
En parejas o en grupos, decidid qué tipo de texto periodístico queréis realizar:
- Una entrevista periodística. Escoged un tema; Preparad una serie de preguntas; Elegid a alguien para que sea entrevistado y, grabadora en mano, empezad la entrevista.
- Un reportaje. Escoged un tema y entrevistar y grabar a varias personas para poder ofrecer diferentes puntos de vista; Elaborad un informe oral alternando vuestro análisis con las opiniones de los entrevistados.

TAREA INDIVIDUAL
Reportero de barrio. Tu misión consiste en documentar algún suceso de tu barrio, escuela, clase o ciudad y redactar una noticia.
- Recoge datos interesantes. Haz preguntas, entrevistas, consulta otras fuentes de información como Internet o periódicos locales.
- Documenta la noticia. Busca fotos que capten la atención del lector o vídeos interesantes para la grabación final.
- Redacta la noticia.
- Graba la noticia. Cuida tu presentación y haz que se parezca al estilo de un telediario.
- Rellena una ficha de observación con consejos y comentarios constructivos.

👁 **Ficha de observación**

Estructura y contenido: ¿Es coherente y está bien estructurado?
Vocabulario: ¿Es variado, relevante y adecuado?
Registro: ¿Es adecuado al tema tratado? ¿Cambiarías algo?
¿Se entiende con claridad?

Tema 4

INTRODUCCIÓN AL TEMA (pp. 40-41)

Estímulo visual

En unos dos minutos se les puede pedir a los alumnos que observen la imagen y que piensen en un par de ideas de manera individual sobre qué es lo que les sugiere. En este caso, se ve un hombre que está escuchando algo, pero que asimismo por su gesto no escucha bien los sonidos o no le termina de agradar lo que escucha. Una posible interpretación de esta imagen es que el hombre está escuchando un tipo de música en concreto pero, por la razón que sea, no le gusta, la persona que canta no entona bien, los sonidos son estridentes, el volumen es muy bajo, etc. Teniendo en cuenta el gesto que hace la persona de la imagen, se les puede preguntar a los alumnos que imaginen qué puede ser lo que está escuchando la persona de la fotografía. La imagen se puede relacionar también con el ser humano y con la curiosidad, o el afán de querer aprender escuchando, ya que el sentido del oído es fundamental para el aprendizaje, tal como ocurre con una lengua extranjera. En este sentido, se les puede preguntar a los alumnos que expliquen si entienden a los hablantes nativos cuando ven la televisión, el cine o las letras de las canciones en español: ¿en cuál de las situaciones les resulta más difícil entender la lengua? ¿Por qué creen que esto ocurre? ¿Cómo creen que pueden mejorar su comprensión auditiva? Después, los alumnos pueden trabajar en parejas y elegir entre los tres significados propuestos para averiguar qué significa la expresión cuando alguien dice que algo es *música para mis oídos*.
→ Puesta en común sobre las diferentes opiniones con el resto de la clase.
Soluciones: **A.** Agradable y placentero.

Cuestiones previas

Por parejas o en pequeños grupos, se les pide a los alumnos que lean y que intenten dar su opinión sobre las cuestiones previas que se plantean.
→ Puesta en común sobre las diferentes opiniones con el resto de la clase.

Comenta las siguientes afirmaciones

El profesor o los alumnos van leyendo en voz alta las afirmaciones relacionadas con el tema del capítulo y que pertenecen a la entrevista que van a leer a continuación, para que, tras la lectura, los estudiantes participen y comenten su punto de vista sobre cada una de ellas. Lo importante es que practiquen oralmente ante el estímulo oral de las frases. De esta manera, se consigue fomentar la interacción desde el primer momento con vistas a que sea una dinámica constante durante toda la unidad.

Música para mis oídos

EN PORTADA (pp. 42-43)

Biografía

En primer lugar, el profesor puede pedirles a los alumnos que observen la foto del cantante Loquillo y que se fijen en su forma de vestir y de peinarse, para luego contestar a las siguientes preguntas: ¿qué tipo de música pensáis que compone? ¿Por qué? ¿Cuál es la actitud que tiene en la foto? Después, los estudiantes en parejas tienen que completar la biografía del cantante con las palabras que faltan.
→ Puesta en común sobre las diferentes opiniones con el resto de la clase.

Durante la puesta en común puede resultar útil preguntarles a los alumnos si hay algo de la biografía que les haya llamado la atención. En el caso de Loquillo, puede que la combinación de música *rock* y poesía les sorprenda, en particular la expresión que aparece en el texto y en las afirmaciones relacionadas con el tema del capítulo (p. 41), como «la poesía es un arma cargada de futuro». Esta conocida frase procede del poeta Gabriel Celaya en su libro *Cantos íberos* (1955), por lo que se puede remitir al alumno al poema completo o bien a la versión musical del cantautor español Paco Ibáñez, disponible en Internet en *http://www.youtube.com/watch?v=F_XK8_pDfGw*. Mediante esta reflexión en conjunto se consigue conocer un poco mejor a la persona entrevistada antes de leer la entrevista, además de captar la atención y de suscitar el interés en el alumno sobre los contenidos que se van a desarrollar a continuación.

Actividad de ampliación

Se incluye aquí el enlace a una vídeo entrevista que El Mundo.es le hizo a Loquillo en abril de 2013: *http://www.elmundo.es/elmundo/2013/04/09/cultura/1365530820.html?a=47ec805dab72d60b8acb916380d818c7&t=1365581798&numero=*.
La entrevista se titula *El país está en venta* y en ella Loquillo toca también temas de índole social y política, por lo que se trata de una manera interesante para dar a conocer a la clase a este artista y su faceta más comprometida.

Soluciones: 1. solitario; **2.** un arma cargada; **3.** diversos periódicos; **4.** disco homenaje.

La entrevista
Actividad 1.

Soluciones: 1. estrenar el milenio; **2.** hedonista; **3.** coctelería madrileña; **4.** leo provocación; **5.** el cine británico; **6.** los jóvenes airados; **7.** poetas; **8.** las bandas referenciales; **9.** miembro oficial; **10.** empecé en la música; **11.** (literarios, teatrales); **12.** de vida y una actitud; **13.** los compositores; **14.** inercia.

Actividad de ampliación
También se puede pedir a los alumnos que trabajen en parejas y que practiquen oralmente con el texto integral de la entrevista, o solamente con las preguntas. De esta manera, tienen la posibilidad de fijarse con más detenimiento en algunas de las expresiones que se trabajan en la siguiente actividad.
El profesor puede preguntarles a los alumnos si conocen la denominada *movida madrileña* de los años ochenta que se menciona en la entrevista. A este propósito, puede llevar alguna canción o vídeo de Alaska o Radio Futura para que los estudiantes se hagan una idea de lo que supuso este movimiento durante la transición española. Es conveniente que desde el comienzo se ponga de manifiesto el papel que ha tenido la música como método de expresión de diferentes grupos culturales a lo largo de la historia. Los alumnos pueden hacer una búsqueda de cómo la música, más en concreto la de los cantautores, ha contribuido con sus letras a las reivindicaciones de diferentes generaciones.

Actividad 2.
Esta actividad se puede llevar a cabo de forma solamente oral o incluir también un componente de expresión escrita, por ejemplo, pidiéndole al alumno que redacte un breve texto en el que incluya algunas de las expresiones que acaban de aprender. Los alumnos pueden trabajar por parejas o pequeños grupos. El objetivo de esta actividad es que entiendan el significado de las expresiones, ayudándose del contexto de la entrevista y, además, que sean capaces de explicar qué significan y de utilizarlas en otro contexto de su elección.
Soluciones: a. *Poner voz a obras de poetas*: interpretar musicalmente las obras de poetas; **b.** *estrenar el milenio*: empezar el milenio; **c.** *confluir en una coctelera madrileña*: encontrarse en un bar de Madrid donde se sirven cócteles; **d.** *hacer un símil con los jóvenes airados*: compararse con los jóvenes enfadados; **e.** *profesar culto a los poetas malditos*: idolatrar a los poetas malditos del siglo XIX; **f.** *ser un fenómeno cíclico*: ser un fenómeno que se repite constantemente; **g.** *ser una pandilla de degenerados*: ser un grupo de personas con una moralidad cuestionable; **h.** *estar en boga*: ser popular; **i.** *ser un cantamañanas*: ser una persona irresponsable, que no merece crédito; **j.** *estar arropado por buenos amigos*: tener buenos amigos con los que se puede contar; **k.** *no ser un artista con inercia*: ser un artista que toma la iniciativa, creativo.
→ En el apartado **Ahora tú** se proporcionan preguntas para trabajar en parejas o en pequeños grupos y reflexionar sobre lo que se plantea. Se aconseja que el profesor pregunte a la clase si han escuchado o no alguna canción de Loquillo y que esté preparado para poner un vídeo musical de, por ejemplo, «El viejo Cadillac», que es una de las canciones más emblemáticas del cantante. A partir de la letra de la canción se puede realizar un ejercicio de rellenar huecos, o simplemente trabajarla en clase como estímulo para la expresión oral. Siempre se ha de decir al alumno que se apoye en el

vocabulario que vaya apareciendo sobre el tema, como por ejemplo los términos o las expresiones relevantes que tengan relación con la entrevista. También se les puede pedir que intenten entender la letra de la canción tomando anotaciones y que luego, en parejas, reconstruyan la historia y se haga una puesta en común y, de esta manera, practicar la compresión auditiva.

→ Puesta en común sobre las diferentes opiniones con el resto de la clase.

Dosier de gramática
Se recomienda integrar aquí el componente gramatical con los ejercicios 1., 2. y 3. del Dosier de gramática (pp. 136-137). En estos ejercicios se trabaja el uso de los verbos *ser* y *estar* con adjetivos que cambian de significado y que, por su sentido, se combinan con un verbo u otro.

MÁS PALABRAS (pp. 44-45)

Actividad 1.

En esta actividad se trabaja el vocabulario idiomático relacionado con el tema de la unidad. Todas las expresiones idiomáticas del ejercicio se basan en algún elemento del campo léxico de la música. El profesor puede explicar que los hablantes nativos a menudo hacen uso del lenguaje idiomático porque ayuda a concretar o a matizar el significado de lo que se desea expresar. Los estudiantes se tienen que asegurar de que entienden bien las expresiones que se trabajan. Por ello, el profesor les puede sugerir que dibujen el significado de algunas expresiones intentando integrar el significado literal y el metafórico (por ejemplo, en el caso de la expresión *llevar la batuta*, el dibujo podría representar al director de una orquesta que dirige a los demás, o en el caso de *cantarle las cuarenta a alguien*, el dibujo podría representar a alguien muy enfadado con otra persona y el bocadillo de texto podría decir *¡40! ¡40! ¡40!*).

Otra opción es que los estudiantes intenten buscar una conexión entre los dos significados de la expresión idiomática (por ejemplo, que cuando alguien se enfada con otra persona, suele echarle en cara todas las cosas malas que ha hecho de manera bastante directa, y 40 podría representar el número de «maldades»).

También se puede abordar en relación con el lenguaje idiomático la noción de *registro*, ya que muchas de las expresiones que aparecen se utilizan más en la lengua oral.

Soluciones: 1. g. *sin ton ni son*: sin pensarlo antes; **2. e.** *llevar la batuta*: mandar, guiar, dirigir; **3. c.** *dar la nota:* querer ser el protagonista; **4. f.** *entre pitos y flautas*: entre una cosa y otra; **5. i.** *ser un cantamañanas:* persona irresponsable que no merece crédito; **6. a.** *cambiar de disco*: hablar de un tema diferente; **7. b.** *coser y cantar:* ser muy fácil; **8. h.**

cantarle las cuarenta: decirle a alguien algo de forma clara y directa; **9. j.** *ser del año de la polca*: muy viejo; **10. d.** *irse con la música a otra parte*: intentar conseguir algo en otro lugar.

Actividad de ampliación
El profesor puede plantear a la clase las siguientes preguntas para que trabajen oralmente las expresiones que acaban de aprender: ¿sueles hacer las cosas sin ton ni son? ¿Quién lleva la batuta en tu casa? ¿Conoces a alguien que siempre dé la nota? ¿Y a algún cantamañanas? ¿Cuándo fue la última vez que dijiste que algo era coser y cantar? ¿Guardas algo del año de la polca? ¿El qué?

Actividad 2.

En esta actividad se trabajan los diferentes valores de los adjetivos antepuestos o pospuestos al sustantivo. Es conveniente que el profesor indique que los alumnos se deben fijar en los dos ejemplos propuestos, para que perciban la diferencia de significado de los dos tipos de adjetivos.

En este sentido, puede explicar que existen diferentes aspectos en relación con la posición de un adjetivo: el tipo de adjetivo (si puede ir antepuesto o pospuesto y cambia el significado, p. ej., un viejo vecino/un vecino viejo), y el significado que el adjetivo posee según el contexto en el que se utiliza (un valor poético (antepuesto) o más bien informativo (pospuesto), p. ej., una bonita mañana de abril/un vestido bonito).

A continuación, los alumnos pueden trabajar en parejas o en pequeños grupos con los ocho pares de adjetivos de la actividad.

Puede también sugerir que reformulen las frases para que los diferentes significados de los adjetivos sean fácilmente reconocibles.

Soluciones: 1. a. *triste espectador*: ni siquiera un espectador; **1. b.** *melodía triste:* melodía melancólica que transmite tristeza. **2. a.** *cualquier día*: todos los días; **2. b.** *un grupo cualquiera*: un grupo más, sin importancia. **3. a.** *un equipo de alta fidelidad*: un equipo de música; **3. b.** *voz alta*: de viva voz. **4. a.** *un nuevo violín:* otro violín; **4. b.** *unos altavoces nuevos*: altavoces que no se han utilizado previamente. **5. a.** *una gran pianista*: una pianista muy buena; **5. b.** *escenarios grandes*: escenarios de gran tamaño. **6. a.** *ciertas personas*: algunas personas; **6. b.** *una noticia cierta*: una noticia verdadera. **7. a.** *un antiguo profesor*: un profesor que tuve hace tiempo; **7. b.** *el piano antiguo*: un piano viejo. **8. a.** *una única nota*: solamente una nota; **8. b.** *un ritmo único*: un ritmo característico o inigualable.

Actividad 3.

Aquí los estudiantes van a poner en práctica lo que han aprendido en la actividad anterior acerca del uso de los adjetivos antepuestos y pospuestos.

Las frases están relacionadas con la música y con la poesía, por lo que pueden dar pie a otra breve reflexión sobre lo que estas dos manifestaciones artísticas tienen en común.

> **Dosier de gramática**
>
> Se recomienda integrar aquí el componente gramatical con el ejercicio 5. del Dosier de gramática (pp. 138-139), en el que se sigue trabajando el tema de los adjetivos antepuestos y pospuestos. Es importante que el profesor se asegure de que los estudiantes entiendan bien las diferencias de significado o de matiz que existen en los adjetivos que aparecen y su significado, ya que la posición del adjetivo es un tema que suele revestir bastante dificultad para el estudiante de español, dado que muchas veces la elección de su posición tiene que ver con el punto de vista del hablante.
>
> Una vez que se haya hecho el ejercicio, se les puede pedir a los estudiantes que expliquen y que justifiquen la posición de un adjetivo antepuesto y de otro pospuesto en cada uno de los diferentes párrafos. He aquí algunos ejemplos:
>
> **1.** *buenas habilidades*: quiere decir que son de buena calidad; *inteligencia media*: de término medio, ni por encima ni por debajo; **2.** *diferentes efectos*: equivale a varios efectos; *música ambiental*: identifica un tipo de música concreto en comparación con otros; **3.** *determinadas melodías*: algunas melodías concretas o específicas; *motivaciones personales*: motivaciones de carácter personal en comparación con otro tipo de motivaciones; **4.** *propio silencio*: el silencio como tal, como lo conocemos; *presión sanguínea*: un tipo de presión; **5.** *efectos propios*: efectos característicos o típicos; *letras positivas*: letras que poseen un mensaje de carácter positivo y no negativo; **6.** *futuro anciano*: el anciano del mañana, una vez que sea anciano; *etapa infantil*: un tipo de etapa en comparación con otros: etapa primaria, secundaria, etc.

Soluciones: 1. El único arte/una completa juventud; **2.** cosa amplia; **3.** tarea complicada/notas superfluas; **4.** arte directo; **5.** buena música; **6.** verdadero lenguaje/valor universal; **7.** música perfecta/cualquier enfermedad.

→ En el apartado **Ahora tú** se proporcionan preguntas de ampliación para trabajar en parejas o en pequeños grupos y reflexionar sobre las cuestiones que se plantean.

DESTACADO (pp. 46-47)

Actividad 1.

En esta primera actividad se trabajan algunas colocaciones léxicas que unen verbos con sustantivos del campo léxico de la música. Conviene recordar el concepto de colocación léxica, aunque ya se ha trabajado en otros capítulos anteriores, que sirve para concretar el significado y que muestra un mayor dominio del idioma. Por ejemplo, se puede decir *acompañar a un intérprete*, en cuyo caso el significado del verbo *acompañar* está relacionado con el ámbito de la música y con ello se concreta y se complementa el significado del sustantivo *intérprete* para decir que se le *acompaña con un instrumento o con la voz*. Es importante, por lo tanto, que en los ejemplos que aparecen se fijen en la combinación de verbo + sustantivo. Antes de empezar con este ejercicio, se aconseja al profesor explicar qué diferentes combinaciones de verbo + sustantivo son posibles.

Soluciones: 1. b. Componer una canción original; **2. g.** Interpretar una pieza musical; **3. e.** Dar un concierto; **4. h.** Dirigir una orquesta; **5. a.** Marcar un ritmo; **6. i.** Emitir un sonido; **7. j.** Leer solfeo; **8. c.** Hacer una gira; **9. f.** Tocar un instrumento; **10. d.** Acompañar a un intérprete.

Actividad 2. a.

En esta segunda actividad los alumnos buscan posibles combinaciones entre los sustantivos y adjetivos propuestos con el fin de expresarse de manera más precisa en este caso sobre el tema de la música, en particular el ritmo, la voz y la canción, con vistas también al debate final. Se recomienda que el profesor les recuerde a los alumnos que tienen que prestar especial atención a la concordancia (género) entre sustantivo y adjetivo, ya que los adjetivos se dan todos en su forma masculina singular.

Después de haber elegido los cuatro adjetivos que mejor se combinan con cada sustantivo, el profesor puede pedirles a los alumnos que, en pequeños grupos, intenten ampliar su listado incluyendo dos nuevos adjetivos para cada sustantivo ayudándose de los textos que aparecen en la unidad o, si fuera posible, de otras fuentes (Internet, un diccionario combinatorio, revistas de música, etc.).

→ Puesta en común sobre las diferentes opciones con el resto de la clase.

Soluciones: 1. *Un ritmo*: comercial, acompasado, dinámico, trepidante; **2.** *Una voz*: desafinada, aguda, grave, de pito; **3.** *Una canción*: folclórica, pegadiza, reivindicativa, de cuna.

Actividad 2. b.

Los estudiantes pueden trabajar en pequeños grupos, cada uno sobre un artista diferente. Se aconseja que el profesor prepare un listado con los nombres de algunos músicos hispanos conocidos para ayudar a los estudiantes en su elección, si fuera necesario. También se aconseja que el profesor realice, previamente a la sesión de clase, una búsqueda en Internet, a fin de poder mostrar o hacer escuchar a sus alumnos unos clips de audio o vídeo, en el improbable caso de que los estudiantes no estén familiarizados con ningún artista de habla hispana.

Actividad 3.

Esta actividad se puede realizar de manera individual o en grupo. Los estudiantes van a leer y escuchar un conocido poema del poeta chileno Pablo Neruda (1904-1973) que el cantante Loquillo ha utilizado como letra para una de sus canciones. Este ejemplo es una clara muestra de la intersección que se produce muchas veces entre la música y la poesía, por lo que sería interesante que el profesor pudiera conseguir la versión musical compuesta por Loquillo. Luego, el profesor les pedirá a los alumnos que expongan su punto de vista acerca del significado del poema y de la configuración del mismo, es decir, la relación entre el léxico que aparece y su significado.

El segundo objetivo es el de ofrecer a los estudiantes un modelo de lectura en voz alta, un tipo de texto oral con el que trabajarán más adelante. A este propósito es importante que el profesor invite a sus estudiantes a prestar atención a algunas características propias de este tipo de texto oral frente a, por ejemplo, una presentación oral. Para ello, puede formular preguntas directas: ¿cómo se usan las pausas? ¿Cómo influye el ritmo en la percepción del texto? O pedirles que hagan un listado de las principales características que les llaman la atención y luego compartirlas con el resto de la clase. Además, el profesor puede recomendar la lectura de otros poemas del libro *Veinte poemas de amor y una canción desesperada*, para que luego hagan una breve exposición de alguno de los poemas que les hayan gustado.

Soluciones: Posibles respuestas: Es un poema de amor dedicado a una niña morena y llena de vitalidad. El tema del poema es la imposibilidad del encuentro amoroso. La niña se describe como una joven morena y llena de vida, feliz y sonriente. La niña se compara con la juventud de la abeja, la embriaguez de la ola y la fuerza de la espiga.

Actividad 4.

En esta actividad se utiliza otro poema, en esta ocasión del poeta español Luis Alberto de Cuenca, como eje central de la actividad y que es a su vez la letra de una canción de Loquillo. El objetivo es que los estudiantes se familiaricen con el uso de la rima, un recurso propio de la poesía pero también de la música. Además, debido a que este poema se inspira en un personaje de ficción de *La guerra de las galaxias* (*Star Wars*, del director George Lucas), los estudiantes van a poder desmitificar el texto poético y conectarlo con su realidad cotidiana. Ambos objetivos están relacionados con una de las actividades finales de la unidad, que consiste en la creación de un breve poema en el que las palabras rimen. Para ello, se tendrán que fijar en las diferentes pistas que se les proporcionan.

Soluciones: 1. vacío; **2.** invasoras; **3.** enamoras; **4.** confío; **5.** auroras; **6.** deseo; **7.** esclavizada.

Actividad 5.

En esta actividad se incluyen cinco frases que muestran diferentes puntos de vista acerca del papel de la música en la sociedad. Las frases se pueden utilizar como estímulo para que, en pequeños grupos o con toda la clase, los estudiantes expresen su punto de vista a favor o en contra.

> **Dosier de gramática**
> Se recomienda integrar aquí el componente gramatical con los ejercicios 4., 6. y 7. del Dosier de gramática (pp. 138-140), ya que los textos utilizados dan pie a hablar del papel de la música en diferentes situaciones y contextos relacionados con el conjunto de la sociedad, tales como la función de la música en relación con el individuo y la importancia de que los niños aprendan música.

ESPECIAL MUNDO HISPANO (pp. 48-49)

Actividad 1. a.

En esta sección conviene que el profesor se informe primero de los diferentes artistas del mundo hispano que se mencionan, a fin de poder proporcionar más contexto para los alumnos.

Soluciones: a. 6. Bebo Valdés; **b. 5.** Jorge Drexler; **c. 1.** Andrés Calamaro; **d. 4.** Aterciopelados; **e. 8.** Shery; **f. 3.** Calle 13; **g. 2.** Café Tacvba; **h. 7.** Verónica Villarroel.

Actividad de ampliación

Puede resultar interesante que el profesor prepare algunas canciones de cada uno de los artistas o grupos que se mencionan y que ponga la música sin desvelar cuál es para que los alumnos lo descubran según lo que acaban de aprender o conocer de ellos. Además, la música se puede aprovechar también para que describan el ritmo de lo escuchado utilizando el léxico que han aprendido.

Actividad 1. b.

Los estudiantes trabajan en parejas o pequeños grupos. Sería interesante que los alumnos pudieran utilizar un ordenador con conexión a Internet para buscar más información acerca de cada artista o que, en su defecto, el profesor pudiera facilitarles algunos materiales complementarios. Al final de la actividad, el profesor puede proponerles que conversen en grupos a partir de las siguientes preguntas: a. ¿Conoces algún otro cantante o grupo que haga música en español? ¿Te gusta? ¿Por qué?; b.

¿Qué festivales de música conoces? ¿Prefieres ir a festivales o a conciertos?; c. ¿Cuál es tu músico o grupo favorito? ¿Qué sabes de él? ¿Por qué te gusta?

Algunos festivales que se celebran en España son: FIB, Festival Internacional de Benicassim (música independiente pop); SONAR, Festival de Música Avanzada de Barcelona (música electrónica internacional); Primavera Sound de Barcelona (música pop); Rock in Rio de Madrid (desde 2004 se celebra también en Buenos Aires) (música *rock*).

Algunos festivales que se celebran en América Latina son: Creamfields, festival de música electrónica de Buenos Aires; Maquinaria, festival de música alternativa y *rock* que tienen lugar en diferentes ciudades de Argentina, Chile y México; Planeta Terra, un festival de música internacional *rock* y pop que se ha celebrado en diferentes ciudades de América Latina, entre ellas Lima (Perú).

→ Puesta en común sobre las diferentes decisiones y opiniones con el resto de la clase.

Actividad de ampliación

Los estudiantes pueden trabajar en pequeños grupos y, a partir de la información que se les ha dado, ampliar su conocimiento sobre un grupo o cantante. El objetivo de la actividad es realizar una búsqueda de información que incluya datos personales y profesionales, fotografías, eventos, etc., para poder crear un perfil de Facebook (*timeline* o *diario*) en español como si ellos mismos fueran esa persona o grupo musical.

Primero, tendrán que abrir una cuenta de correo electrónico con un proveedor de servicios gratuito (Hotmail o Gmail, por ejemplo) a la que todo el grupo tendrá acceso. Luego, tendrán que crear un perfil de Facebook con el nombre del grupo o de los cantantes seguido por el nombre de la clase, por ejemplo, y explicar en la sección de información personal que se trata de un trabajo de clase.

CIERRE (pp. 50-51)

Actividad 1.

Esta actividad sirve para que los alumnos reflexionen acerca del papel de la música y de la poesía, y practiquen algunas estructuras para expresar *aprobación* o *desaprobación*, que les van a permitir mejorar su competencia comunicativa en situaciones de interacción oral.

El tema de este debate ha sido en parte tratado a lo largo de la unidad, aunque solamente en momentos puntuales, por tanto, los estudiantes habrán desarrollado sus ideas y ahora, finalmente, disponen de un espacio para compartirlas con el resto de la clase. Se recomienda al profesor que les diga a los alumnos que hagan uso de los recursos comunicativos (p. 50) y también es conveniente ver las diferentes estructuras, a fin de que los estudiantes tengan claro cómo utilizarlas correctamente y las diferencias que puede haber en su uso de manera formal (*No lo considero del todo acertado*) o informal (*¡Bien dicho!*).

Actividad 2.
Para el desarrollo de esta actividad se proporcionan dos opciones para que cada estudiante pueda elegir la que prefiera según sus gustos e intereses. Sin embargo, ambas incluyen una lectura en voz alta de un texto poético, por tanto, es importante que el profesor haga referencia al ejemplo de la sección Destacado (p. 51) y a las estrategias de expresión oral que se incluyen en la misma página. Para los estudiantes que elijan la primera opción, se les puede remitir a la actividad 4. (p. 51) que ha aparecido antes, ya que está relacionada.
→ Puesta en común y lectura en voz alta delante del resto de la clase.

¡A debate!
Se recomienda que el profesor lea en voz alta los recursos comunicativos para que los alumnos se familiaricen con ellos. También pueden ir leyéndolos los alumnos de uno en uno. A la vez que se hace esta dinámica, es importante que el profesor haga matizaciones, ya sean gramaticales, por ejemplo si la estructura se utiliza con el modo indicativo o con el subjuntivo, o de registro, si pertenecen al registro culto, *me agrada*, o más bien informal o directo, *no hay color*.

Dosier de gramática. Soluciones
Música para mis oídos (pp. 136 – 140)

Los verbos *ser* y *estar* con adjetivos
1. 1. a) es una persona muy abierta/b) está abierto; 2. a) estás aburrido/b) ser aburrida; 3. a) está demasiado alto/b) es tan alto; 4. a) estés atento/b) es siempre muy atento; 5. a) está demasiado bajo/b) es un poco baja; 6. a) Es realmente bueno/b) estuviera todavía el doble de buena; 7. a) está decidido/b) es muy decidido; 8. a) no es nada interesado/b) estaba muy interesado; 9. a) están listos/b) es lista; 10. a) es así de malo/b) estaba malo; 11. a) estaba un tanto molesto/b) pueden ser muy molestos; 12. a) estaban muy orgullosos/b) es demasiado orgulloso; 13. a) está un poco verde/b) era verde; 14. a) son normalmente más vivos/b) estoy vivo.

2.

ser	significado	estar	significado
abierto	*que es sociable, extravertido*	abierto	*que se puede entrar*
aburrido	no ser una persona divertida	aburrido	que no se lo pasa bien
alto	tener gran altura	alto	con intensidad (el volumen, la voz), con ubicación (un objeto que está muy alto) o descripción física
atento	ser amable	atento	que presta atención
bajo	no tener mucha altura	bajo	con intensidad (el volumen, la voz), con ubicación (un objeto que está muy bajo) o descripción física
bueno	tener buenas intenciones	bueno	que tiene buen sabor, que es atractivo físicamente (informal)
decidido	no tener miedo a hacer algo	decidido	que ha tomado una decisión
interesado	hacer las cosas por interés	interesado	que le parece interesante
listo	ser inteligente	listo	que está preparado
malo	tener malas intenciones	malo	que no tiene buen sabor, que está enfermo
molesto	que no es agradable	molesto	que está enfadado
orgulloso	que siente demasiado orgullo	orgulloso	que se siente orgulloso por algo
verde	de color verde	verde	que le falta experiencia, que no está maduro (un alimento)
vivo	con viveza (color, intensidad o ritmo)	vivo	que tiene vida

3. **Ser:** auténtico (falso), capaz (incapaz), cierto (incierto), conveniente (inconveniente), difícil (fácil), lógico (ilógico), importante (secundario), increíble (creíble), injusto (justo), moderno (antiguo), posible (imposible), probable (improbable), suficiente (insuficiente), útil (inútil).

   Estar: ausente (presente), borracho (sobrio), capacitado (incapacitado), contento (triste), descalzo (calzado), desnudo (vestido), disponible (ocupado), enfermo (sano), loco (cuerdo), mojado (seco), roto (intacto), sentado (de pie), solo (acompañado), vacío (lleno).

4. Desde hace muchísimo tiempo, **(1)** *es* probable que desde el propio comienzo de la vida misma, **(2)** *ha sido/era* imprescindible para el ser humano disfrutar de una de las creaciones más sanas, más bonitas y más limpias: la música.

   Esta importante creación **(3)** *ha sido/es* utilizada en diversas actividades, inclusive en la guerra, claro **(4)** *está*, para calmar y relajar a la tropa tras perder una batalla y, mejor aún, para celebrarla cuando se ganaba. Cuenta la historia, aunque no **(5)** *sea* del todo lógico, que se iba a dar un concierto para celebrar el triunfo ante el enemigo pero uno de los músicos **(6)** *estaba* enfermo, y **(7)** *fue* uno de los rehenes, próximo a **(8)** *ser* fusilado el que sustituyó al enfermo. El rehén, tras **(9)** *ser* escuchado, **(10)** *fue* perdonado.

   La música **(11)** *es* tan importante que logra sus efectos mucho antes del nacimiento, ya que se recomienda estimular el vientre de la madre embarazada con sonidos que **(12)** *sean* agradables y, de hecho, **(13)** *está* comprobado que existen efectos beneficiosos para el feto.

   Igualmente, el dios de cada una de las diferentes religiones **(14)** *es* alabado mediante la música y se ha llegado a decir que quien ora con música **(15)** *es* como si orara dos veces. De ahí que, las personas que **(16)** *están* en el mundo de la música y que se dedican a esta profesión, **(17)** *sean* por lo general personas sanas y con mucha sensibilidad.

   En los hogares donde la música **(18)** *está* presente, se vive en armonía y en las casas donde sus habitantes no **(19)** *son* amantes de la música, se pierde esta razón de **(20)** ser que **(21)** *es* capaz de transmitir este arte prodigioso.

   Las partituras no **(22)** *son* para una edad concreta, en ningún disco **(23)** *está* escrito que solo deba **(24)** *ser* oído por determinadas personas. Si esto **(25)** *fuese* así, no existirían las diferentes manifestaciones folclóricas de los distintos pueblos, ya que estas expresiones han **(26)** *estado* conviviendo con cada generación. Vayamos donde vayamos, podemos **(27)** *estar* seguros de que la música siempre **(28)** *estará* a nuestro lado.

5. **1.** Para *algunos* investigaciones, los gustos *musicales* pueden revelar datos sobre la personalidad de un individuo. Por ejemplo, gustos como el *blues*, el *jazz*, la música folk y clásica reflejan personalidades *estables*, desde el punto de vista *emocional*, y abiertas a *otras* experiencias, *buenas* habilidades de carácter *verbal* y con inteligencia *media*; **2.** Oír música al *mismo* tiempo en que se realizan *otras* tareas puede influir en la actividad que se está llevando a cabo. Investigadores *alemanes* comprobaron que, durante la lectura, oír música *ambiental* puede afectar a la comprensión *lectora*. En la memoria, los efectos fueron negativos, aunque bajos. Sin embargo, en la práctica de actividades *físicas* y en reacciones *emocionales*, los impactos de la música pueden ser positivos; **3.** En *varias* investigaciones se ha demostrado que escogemos nuestra música *favorita* en función de eventos que revisten una *intensa* implicación de carácter *emocional*, es decir, de los sentimientos *íntimos* de una persona. Los resultados de sus investigaciones revelaron que la elección tiene mucho que ver con las motivaciones *personales* de los oyentes y con sus *propias* historias, las cuales pueden estar relacionadas con *determinada*s melodías; **4.** Tras probar los efectos de la música *clásica*, pop y *jazz* en la relajación de las personas después de eventos *estresantes*, los resultados mostraron que oír música pop y *jazz* tiene el *mismo* efecto que el *propio* silencio. Sin embargo, la música clásica desencadenó efectos *rápidos* y la presión *sanguínea* bajó a los niveles *normales* en un tiempo mucho menor; **5.** Al probar los efectos *propios* de la música en el comportamiento *humano* y, especialmente, en las conductas *sociales*, se ha descubierto que oír canciones con letras *positivas* aumenta la disposición *personal* en los oyentes para ayudar a *otros* individuos; **6.** Aprender música durante la infancia puede tener efectos *beneficiosos* años después. Recibir clases de música en la etapa *infantil* ayuda a que el *futuro* anciano se enfrente mejor a los problemas del envejecimiento. El estudio de un instrumento *musical* requiere años de práctica y, por tanto, favorece la creación de conexiones *alternativas* en el cerebro que permiten compensar la pérdida *cognitiva* que se suele producir en la vejez.

6. La música está siendo introducida en la educación en edades preescolares debido a la importancia que representa en su desarrollo intelectual. Es un elemento fundamental en esta primera etapa de la educación. El niño empieza a expresarse y es capaz de integrarse de manera activa en la sociedad porque la música le ayuda a lograr autonomía en sus actividades habituales, asumir el cuidado de sí mismo y del entorno, y ampliar su mundo de relaciones.

El niño que vive en contacto directo con la música aprende a convivir mejor con otros niños, estableciendo una comunicación armoniosa. A esta edad, la música les da seguridad emocional porque se sienten comprendidos al compartir canciones e inmersos en un clima de ayuda, colaboración y respeto mutuo. Además, la música facilita en los niños el aprendizaje lingüístico de idiomas, potenciando su memoria a largo plazo.

Con la música, la expresión corporal del niño se desarrolla de forma natural. Utilizan nuevos recursos al adaptar sus movimientos a los ritmos de diferentes obras, contribuyendo a la potenciación del control rítmico de su cuerpo.

7. **1.** consideran; **2.** han reformado/reformaron; **3.** se ningunean; **4.** garantiza; **5.** se presenta; **6.** seguirán; **7.** tendremos; **8.** siga; **9.** dedica; **10.** especifica; **11.** será; **12.** parece; **13.** pierde; **14.** hace; **15.** quería; **16.** podía; **17.** era; **18.** se podía; **19.** borra; **20.** demuestran; **21.** mejora; **22.** contribuye; **23.** fomentan; **24.** han encontrado/encuentran; **25.** observan; **26.** interesan; **27.** existe; **28.** se relaciona; **29.** tiene; **30.** desarrollen; **31.** haya; **32.** se marchen; **33.** supone; **34.** se verán.

FOTOCOPIABLE

TAREA FINAL

Se incluyen aquí dos tareas opcionales para profundizar sobre el tema de la unidad y fomentar el trabajo en equipo o el desarrollo individual de la producción oral. En ambos casos, se anima a que el alumno produzca textos auténticos sobre un determinado tema y que haga uso de las nuevas tecnologías como herramienta en el aprendizaje de la lengua.

TAREA EN GRUPO
Escribir la letra en español de una canción y grabarla.
- En pequeños grupos, elegid una canción que os guste y que no tenga letra en español: utilizad la música como inspiración para pensar en la letra que vais a escribir.
- Elegid un tema para la letra de vuestra nueva canción.
  - Pensad también en un posible título y haced una lluvia de ideas con el vocabulario y las expresiones que os puedan servir.
  - Organizad en grupos las palabras y expresiones que riman, eso os facilitará la tarea.
- Intentad que el vocabulario utilizado sea variado, usad algunas rimas e incluid algunas de las expresiones y palabras nuevas de este tema.
- Grabad vuestra canción y compartidla con el resto de la clase.

TAREA INDIVIDUAL
Imagina que eres un crítico musical para la prestigiosa revista *Mondosonoro* y escribe una reseña de un álbum musical en español.
- Elige y escucha un álbum de un músico de un país de habla hispana. Puedes usar servicios gratuitos de Internet para escuchar su música.
- Documéntate acerca de su trayectoria profesional y de su vida para tener más información a la hora de redactar tu reseña.
- Lee reseñas musicales en español para familiarizarte con su estilo y con los contenidos que se incluyen en sus letras.
- Redacta tu crítica y luego léela en voz alta para compartirla con el resto de la clase.
- Ten en cuenta las estrategias para la lectura en voz alta que han aparecido en este capítulo.

Tema 5

INTRODUCCIÓN AL TEMA (pp. 52-53)

Estímulo visual

En unos dos minutos se les puede pedir a los alumnos que observen la imagen y que piensen en un par de ideas de manera individual. En este caso observamos a dos personas, un hombre y una mujer, separados por una imagen que representa una cadena de ADN que se enrosca sobre sí misma. Esta imagen sugiere que en el ADN (ácido desoxirribonucleico) está la información genética que se encuentra en todos los seres vivos, que se transmite de generación en generación y que puede favorecer determinados comportamientos en el ser humano. La información genética puede servir en algunos casos para explicar la personalidad del individuo en un entorno social concreto. De esta manera, se anticipa el tema de la entrevista en la que se habla sobre «la química del amor» y sobre cómo funciona el amor en las relaciones interpersonales. El tema se llama *A ciencia cierta* porque esta locución se utiliza en español para hablar de algo que se sabe con seguridad. También se utiliza muchas veces en su forma negativa, por ejemplo, *no lo podría decir a ciencia cierta*, cuando se desconoce algo.
→ Puesta en común sobre las diferentes opiniones con el resto de la clase.
Soluciones: **C**. Se sabe algo con seguridad y certeza.

Cuestiones previas

En parejas o en pequeños grupos, se les pide a los alumnos que lean y que intenten dar su opinión sobre las cuestiones previas que se plantean. Las preguntas se pueden responder de diferentes maneras, pero es conveniente que en este capítulo los estudiantes reflexionen sobre los cambios que se han producido en la ciencia en las últimas décadas y sobre cómo estos cambios también han influido en la sociedad. Además, es importante analizar si la ciencia nos puede servir para explicar cómo somos las personas y cómo nos comportamos ante una situación determinada.
→ Puesta en común sobre las diferentes opiniones con el resto de la clase.

Comenta las siguientes afirmaciones

Ahora el profesor o los alumnos van leyendo en voz alta las afirmaciones que proceden de la entrevista, a fin de invitar al debate y esperando que, tras la lectura de las afirmaciones, los estudiantes participen y comenten su punto de vista sobre cada una de ellas. En las afirmaciones ya se pone de manifiesto que existen muchas incógnitas sobre el comportamiento humano pero que, aun así, cada vez vamos obteniendo más datos que nos permiten llegar a algunas conclusiones sobre por qué una persona se enamora, cuáles son algunos de los factores que influyen en el enamoramiento, etc.

A ciencia cierta

EN PORTADA (pp. 54-55)

Biografía

Los estudiantes en parejas, o en pequeños grupos, tienen que reconstruir las biografías de los científicos Helen Fisher y Eduardo Punset a partir de los datos que aparecen. Para ello, tendrán que hacer un buen uso de los tiempos del pasado, así como de otros conectores temporales que les ayuden a enlazar la información.
→ Puesta en común sobre las diferentes opiniones con el resto de la clase.
Soluciones: Helen Fisher: Nació en Canadá, 1945. Docente de Antropología de la Universidad Rutgers. Experta mundial en la biología del amor y la atracción. Participó como conferenciante de Tecnología, Entretenimiento, Diseño en 2008.
Eduardo Punset: Nació en Barcelona, 1936. Trabajó para la BBC, *The Economist* y el FMI. Docente de Ciencia, Tecnología y Sociedad. Director y presentador del programa de divulgación científica *Redes*. Político y ministro durante la transición política (finales de los setenta).

La entrevista
Actividad 1. a.

Como actividad previa, antes de que empiecen a relacionar las preguntas con las respuestas, los alumnos pueden pensar en qué cuestiones creen que el entrevistador le va a formular a la científica Helen Fisher, teniendo en cuenta que la entrevista lleva por título *La química del amor*.
Los alumnos tienen que asignar una pregunta a cada párrafo según la relación de significado que se establezca entre las dos partes. A continuación, se comprueban las respuestas con el resto de la clase. El tema principal de la entrevista da juego para establecer un intercambio de opiniones en clase sobre por qué nos enamoramos y cómo elegimos a las personas que nos gustan.
Puede resultar interesante que el profesor proponga a los alumnos que elijan tres adjetivos que representen a una persona de la que creen que se podrían enamorar o no. Ej.: *Para que me pudiera enamorar de una persona tendría que ser divertida, cariñosa y sincera*. Después, se puede hacer una puesta en común con el resto de la clase.
Soluciones: 1. e.; 2. h.; 3. g.; 4. i.; 5. d.; 6. a.; 7. c.; 8. b.; 9. f.

Actividad 3.

Se les puede pedir a los alumnos que uno lea las preguntas y otro las respuestas (entrevistador/entrevistado). El profesor puede detenerse en aquellos aspectos que sean relevantes para la actividad 1. a. Después, se escucha el audio de la entrevista y se comprueban las respuestas, pero esta vez prestando atención a la expresión oral de las personas que intervienen en la ella, el vocabulario, etc.

→ En el apartado **Ahora tú** se proporcionan preguntas de ampliación. Se pueden formular, asimismo, otras cuestiones relacionadas con la entrevista para prolongar la interacción oral, como por ejemplo: si entienden la expresión *amor a primera vista*, si están de acuerdo con lo que se dice de que la mujer incide más en la memoria y necesita recordar cosas que haya hecho el hombre para quererlo; cuáles son las diferencias entre el amor romántico y el afecto; otras características que se asocian a la forma de amar de las mujeres y de los hombres; si existen rasgos en común, etc.

MÁS PALABRAS (pp. 56-57)

Actividad 1.

En esta actividad se trabaja el léxico que se suele utilizar para hablar de temas que pertenecen al ámbito científico. Hay que buscar el sinónimo de una serie de verbos y luego escribir cuáles son los sustantivos derivados de ambos verbos.

Soluciones:

verbo	sinónimo	sustantivos derivados	
1. patentar	*registrar*	*la patente*	*el registro*
2. detectar	localizar	la detección	la localización
3. probar	demostrar	la prueba	la demostración
4. comprobar	verificar	la comprobación	la verificación
5. exponer	explicar	la exposición	la explicación
6. seleccionar	recoger	la selección	la recogida
7. avalar	respaldar	el aval	el respaldo
8. inventar	idear	el invento	la idea

Actividad de ampliación

Se les puede pedir a los alumnos que en parejas creen un pequeño párrafo en el que hagan uso de algunas de las palabras que acaban de aprender. Se les puede dar la siguiente frase a modo de ejemplo: *Antes de inventar algo nuevo conviene comprobar el registro de patentes para ver que todavía no se ha creado algo similar.*

→ Puesta en común sobre los diferentes ejemplos que hayan creado los grupos.

Actividad 2. a.

Esta actividad sirve para mostrar que en español existen numerosas palabras en el ámbito científico cuyo origen se encuentra en las lenguas clásicas, latín y griego. El alumno tiene que relacionar los prefijos que aparecen en la columna de la izquierda con su significado en la derecha.

Soluciones: 1. e.; 2. k.; 3. h.; 4. a.; 5. d.; 6. b.; 7. i.; 8. f.; 9. c.; 10. g.; 11. j.

Actividad 2. b.

Los alumnos tienen que pensar en palabras que contengan los prefijos de origen griego que acaban de relacionar. Mediante esta actividad se pretende potenciar la adquisición de vocabulario técnico a la vez que facilitar su aprendizaje.

Soluciones: Para darle un componente lúdico a la actividad se puede dividir la clase en pequeños grupos y en 10 minutos tienen que pensar en el mayor número de palabras que se les ocurra. Gana el equipo que sea capaz de reunir un mayor número de palabras.

Actividad 3.

En esta actividad los alumnos tienen que relacionar algunos términos de origen latino con su definición. Muchos de ellos se utilizan a diario para expresar significados concretos. Es importante puntualizar que algunos latinismos pertenecen al registro culto y que es habitual encontrar este tipo de expresiones en el lenguaje jurídico-administrativo.

Soluciones: 1. c.; 2. d.; 3. a.; 4. b.; 5. g.; 6. e.; 7. h.; 8. f.

Actividad 4.

Aquí se trabajan locuciones introducidas por la preposición *a*. Conviene que el profesor haga referencia a que el título del capítulo es precisamente una de estas locuciones, *a ciencia cierta*. Estas expresiones son una fuente de riqueza de vocabulario, ya que se utilizan con bastante frecuencia y poseen diferentes funciones comunicativas. En este caso se ven algunas que expresan modo, cantidad y tiempo.

Soluciones:

locuciones de modo			
caminar	**cocinar**	**golpear**	**pagar**
a cuatro patas	*a la madrileña*	*a codazos*	*a medias/a partes iguales*
a gatas	a la cubana	a palos	a escote
a hurtadillas	a fuego lento	a patadas	a plazos
a la pata coja	a la romana	a empujones	a precio de oro

Locuciones de cantidad	Locuciones de tiempo
a cántaros	*a partir de ahora*
a rebosar	a la primera de cambio
a chorros	a corto/medio/largo plazo
a granel	a las tantas (de la mañana)

Actividad 5.

En esta actividad se contextualizan las locuciones que se acaban de clasificar. Los alumnos tendrán que seleccionar las más relevantes en función del contexto. Es conveniente aclarar que algunas de estas locuciones se parecen en su significado, pero aun así expresan matices diferentes.

Soluciones: 1. a precio de oro; **2.** a gatas; **3.** a granel; **4.** a las tantas (de la mañana); **5.** a la romana; **6.** a rebosar; **7.** a hurtadillas; **8.** a escote; **9.** a empujones; **10.** a la primera de cambio.

Actividad de ampliación

Una vez que hayan hecho el ejercicio, se les puede pedir que creen un pequeño diálogo en el que incluyan otras de las locuciones que no han aparecido en las frases de la actividad 5. También se puede fomentar la interacción oral formulando una serie de preguntas, por ejemplo: ¿alguna vez has pagado algo a plazos? ¿Has comprado algo a precio de oro? ¿Qué te parece la idea de pagar a escote? ¿Qué planes tienes a corto plazo? ¿Qué crees que la ciencia va a descubrir a corto plazo?, etc.

Dosier de gramática

Se recomienda integrar aquí el componente gramatical con los ejercicios 1., 2., 3., 4. y 5. del Dosier de gramática (pp. 141-144), en los que se trabajan las formas no personales del verbo. En el ejercicio 1. del Dosier, se presenta un texto de divulgación científica que hay que completar con la forma adecuada del infinitivo, gerundio o participio de los verbos que se proporcionan. Es importante que se fijen en la configuración del texto como ejemplo de una noticia de divulgación científica, ya que al final de la sección de Destacado, en la actividad 3., se les pide a los alumnos que hagan una presentación de un texto de este tipo. En el resto de ejercicios, se trabajan paso a paso los diferentes usos del gerundio y del infinitivo. Cada uso está etiquetado con la terminología lingüística propia de la gramática en relación con su función comunicativa, por lo que el profesor se puede detener unos minutos para verificar que los estudiantes entienden bien cada uno de los términos. En las soluciones se proporcionan diferentes alternativas para mostrar la riqueza del idioma a la hora de expresar una misma función.

DESTACADO (pp. 58-59)

Actividad 1.
En esta actividad los alumnos pueden trabajar en parejas para formular hipótesis sobre qué avances relacionados con la ciencia consideran que son verosímiles y cuáles no. También se les puede indicar que, mientras deciden esto, deben señalar para qué creen que podrían contribuir estos avances científicos.

Soluciones: Todas las afirmaciones son verdaderas excepto la **1.**, la **3.** y la **6.** En las dos primeras se tratan de avances un tanto inverosímiles (un extraterrestre y una nave aérea), sin embargo en la **6.** (unas lentillas con pantalla o que funcionan a modo de pantalla) se puede especular si en unos años será posible que existan este tipo de lentillas en las que se proyecten imágenes y sobre cuáles serían las ventajas de este invento: podría servir como entretenimiento, para aprender a visualizar contenidos, para relajarse, etc.

→ En el apartado **Ahora tú** se proporcionan preguntas de ampliación sobre los inventos que han aparecido en la actividad 1.

Actividad 2.
En la segunda actividad de esta sección aparecen seis opiniones relacionadas con la ciencia. Estas ideas sirven de anticipación para el debate final, en el que se trata el tema de los límites de la ciencia. Aquí el estudiante debe manifestarse a favor o en contra de lo que se dice y, por tanto, argumentar el porqué de su postura. Asimismo, debe complementar su manera de pensar con un argumento que sustente su opinión.

Actividad 3.
Para cerrar este apartado en la unidad, los alumnos tienen que llevar a cabo una pequeña presentación oral sobre una noticia de divulgación científica. Para ello, deben seguir las estrategias de expresión oral, así como las pautas que se proporcionan, ya que les servirán para estructurar su presentación. Al final de la exposición, todos los alumnos tienen que presentar tres palabras clave relacionadas con su tema y se tendrán que asegurar de que estos términos están claros para el resto de la clase. En el caso de que no sea así, proporcionarán una breve explicación o definición para cada uno de ellos.

ESPECIAL MUNDO HISPANO (pp. 60-61)

Actividades 1. a., b. y c.
En esta sección los estudiantes conocerán diferentes inventos de científicos de países hispanohablantes. En la primera parte de la actividad, tienen que completar los inventos con las palabras que faltan. Como hay bastantes términos, es conveniente que los

alumnos trabajen por parejas o en pequeños grupos. Una vez que hayan completado el ejercicio, tendrán que relacionar las imágenes con los inventos y, por último, señalar cuáles serían los tres inventos que destacarían. No se trata de elegir aquellos que puedan poseer un carácter más científico, sino de tener en cuenta cuáles son los que les parecen más originales o ingeniosos.

→ Nota: En el ejercicio no aparecen los nombres de los inventos, por lo que el profesor les puede preguntar a los alumnos cómo creen que se denominan según las descripciones que aparecen y su función.

Soluciones: 1. Chile: el atrapanieblas (imagen con unas redes) (**1.** desérticas, **2.** microgotas, **3.** zonas); **2.** España: el chupa-chups (imagen con unos caramelos de colores redondos con un palo) (**1.** caramelos y dulces, **2.** boca, **3.** palo, **4.** pelota); **3.** México: el maíz multiproteínico (**1.** calidad, **2.** semillas, **3.** grano, **4.** producción, **5.** hambruna); **4.** Colombia: el marcapasos (**1.** aparato, **2.** implantación, **3.** humano, **4.** cuerpo); **5.** Argentina: el semáforo para invidentes (**1.** dispositivos, **2.** sonidos, **3.** altavoz, **4.** peatonal); **6.** Venezuela: el test de paternidad (**1.** genética, **2.** inmunológico, **3.** individuo, **4.** progenitores).

Dosier de gramática

Se recomienda integrar aquí el componente gramatical con los ejercicios 6., 7. y 8. del Dosier de gramática (pp. 144-146), en los que se trabajan las oraciones condicionales y los tiempos del pasado. En el ejercicio 6. del Dosier, tienen que completar una serie de oraciones condicionales con el tiempo y modo adecuados. Después, deben decidir si la condición que se establece es posible, probable o imposible.

He aquí unos posibles modelos de condicionales para explicar los diferentes tipos antes de que los alumnos hagan el ejercicio. Se debe advertir, asimismo, que la condición no siempre va introducida por *si*, sino que el valor condicional también lo pueden indicar otras estructuras que pueden requerir el uso de determinados tiempos verbales. En cualquier caso, es importante prestar atención al contexto para determinar qué tipo de condición se establece.

1. Condicional posible. Hace referencia a hechos que se cumplirán con certeza. Ej.: *Si* se invierte *más dinero en investigación y desarrollo, nuestra sociedad* se podrá beneficiar *de los avances que se logren a corto plazo.*

2. Condicional probable. Hace referencia a hechos que es probable que se cumplan, aunque también podrían no cumplirse. Ej.: *Si* se invirtiera *más dinero en investigación y desarrollo,* se contrataría *a más investigadores para llevar a cabo experimentos.*

3. Condicional imposible. Los hechos ya se han producido y es imposible cambiar lo sucedido. Ej.: *Si* se hubiera invertido *más dinero en investigación y desarrollo, nuestros investigadores* no habrían tenido *que irse al extranjero.*

En los ejercicios 7. y 8. tienen que completar una serie de textos sobre descubrimientos casuales para luego formular hipótesis utilizando oraciones condicionales. En el ejercicio anterior del Dosier habrán practicado diferentes estructuras, además de la conjunción *si*, para introducir las oraciones condicionales, por lo que el profesor les puede decir a los alumnos que lo tengan en cuenta a la hora de formular las hipótesis.

CIERRE (pp. 62-63)

Actividad 1.

En esta sección, se pretende que el alumno se familiarice con la interpretación de gráficos y datos, ya que es algo frecuente en el lenguaje científico y que puede aparecer en muchas presentaciones o informes orales (también en los escritos). En la primera actividad hay que clasificar los verbos que aparecen según su significado principal. Es importante mencionar aquí que entre los verbos, pese a que se parecen en su significado, existen matices, por ejemplo, en cómo describen un cambio de tendencia que se pueda producir en un gráfico. Conviene que, una vez que los estudiantes hayan hecho el ejercicio, el profesor repase los verbos para comprobar que se entiende el significado de todos ellos.

Soluciones: 1. Creciente: subir, escalar, incrementar(se), remontar, crecer, aumentar; **2.** Estable: mantener(se), conservar(se), perdurar, persistir, quedar(se), permanecer); **3.** Decreciente: bajar, reducir(se), mermar, desaparecer, decrecer, disminuir.

Actividad de ampliación

Se les puede pedir a los alumnos que creen, en parejas, tres frases para que hagan uso de un verbo de cada tipo. Las tres frases tendrán que pertenecer, por su estilo y registro, al ámbito científico. Se les puede proporcionar el siguiente ejemplo: *El gráfico muestra que la población en esta ciudad permanece estable*.

Esta dinámica opcional, a modo de ampliación, les sirve de preparación para la tercera actividad, en la que tendrán que interpretar una serie de gráficos. Es conveniente recordar que algunos de estos verbos, como *continuar*, *quedarse*, *permanecer*, etc., que suelen expresar *movimiento*, van seguidos de la forma de gerundio en español. En el Dosier de gramática se trabajan asimismo el resto de las formas no personales del verbo.

Actividad 2.

En esta actividad hay que identificar cuál es el adjetivo derivado de cada uno de los adverbios. Del mismo modo, hay que señalar si el cambio de tendencia que estos adverbios pueden indicar responde, como norma general, a un cambio progresivo (P) o considerable (C). Desde el punto de vista ortográfico, conviene recordar que si el adjetivo posee acento ortográfico también se mantiene en el caso del adverbio. Ej. *Rápido*: *rápidamente*.

Soluciones: 3. gradual: gradualmente (P); **4.** leve: levemente (P); **5.** repentino: repentinamente (C); **6.** incesante: incesantemente (C); **7.** moderado: moderadamente (P); **8.** sustancial: sustancialmente (C); **9.** significativo: significativamente (C); **10.** considerable: considerablemente (C); **11.** drástico: drásticamente (C); **12.** brusco: bruscamente (C).

Actividad 3. a. y b.

Antes de hacer la actividad, se les puede preguntar a los alumnos en qué consiste para ellos la felicidad, el hecho de ser felices y, sobre todo, con qué aspectos de la vida diaria la relacionan. Pueden proporcionar algunos ejemplos para después pasar a comentar los gráficos que aparecen.

En el primero, se hace referencia a la relación existente entre *la felicidad y los años* y, en el segundo, a *lo más importante para obtener la felicidad según el sexo*. Los estudiantes pueden trabajar en equipo y luego hacer una puesta en común con el resto de la clase. Cuando interpreten los gráficos, es imprescindible que se fijen en las diferentes variables que aparecen: edad, sexo, grado de felicidad, salud, amor, dinero, etc. Con todos estos datos deben ser capaces de interpretar los gráficos y de extraer conclusiones.

Es importante que tengan en cuenta los recursos comunicativos, que se proporcionan para destacar un elemento o llamar la atención sobre algo y que hagan uso de ellos durante la interacción oral.

→ Puesta en común sobre las diferentes opiniones con el resto de la clase.

Actividad de ampliación

Se puede poner el siguiente vídeo de una conocida marca de refrescos para que analicen la relación entre los argumentos que se presentan y la felicidad.

→ Vídeo: *http://www.youtube.com/watch?v=Iak7EqO-hZ8*

¡A debate!

Para el debate final se proponen dos temas. Una opción es tratar primero uno de ellos y luego el otro, ya que ambos están relacionados con la ciencia. Es importante que el profesor o los alumnos hagan una lectura en voz alta de las estructuras que se proporcionan en la sección recursos comunicativos para expresar *hartazgo* y *sorpresa*. A la vez que se hace esta dinámica, es conveniente que el profesor haga matizaciones, ya sean gramaticales —por ejemplo, si la estructura se utiliza con el modo indicativo o con el subjuntivo—, o de registro, si pertenecen al registro culto, *resulta inadmisible el hecho de que...*, o más bien informal o directo, *hay que ver...* Es recomendable, asimismo, que el profesor incida sobre las pautas que se proporcionan para la realización del debate acerca de cómo llevar a cabo la intervención oral durante el mismo.

Dosier de gramática. Soluciones
A ciencia cierta (pp. 141-146)
Las formas no personales del verbo (infinitivo, gerundio y participio)

1. a. 1. siendo; 2. descubrir; 3. publicado; 4. mejorar; 5. coger/agarrar; 6. conseguir; 7. observando; 8. correr; 9. provocando; 10. tratarse; 11. agarrar/coger; 12. sumergidos; 13. siendo; 14. analizados; 15. comprobarse.

   b. Posible resumen del texto: Investigadores de la Universidad de Newcastle acaban de publicar un estudio sobre por qué se arrugan los dedos cuando llevan un rato sumergidos en el agua. Para ello llevaron a cabo un experimento con diferentes individuos, a los que les pidieron que cogieran unas canicas sumergidas en agua con los dedos arrugados y normales. Tras el experimento, comprobaron que las personas que lo hacían con los dedos arrugados eran más rápidas. Al igual que sucede con un neumático sobre una superficie mojada, los investigadores creen que la piel se arruga para dotar al cuerpo de un mejor agarre y consideran que pudo tener una función importante en la evolución del ser humano. Sin embargo, todavía siguen sin explicarse por qué no tenemos los dedos arrugados permanentemente.

2. 1. b. modal; 2. f. condicional; 3. g. concesivo; 4. a. temporal/modal; 5. c. causal; 6. d. final; 7. e. consecutivo/modal.

3. 1. *Mediante mucha investigación* han podido dar con una vacuna que mitiga en parte los efectos del alzhéimer; 2. *Si se lo cuentas* solamente complicarás las cosas. Hazme caso y, cuando hable de la patente, es mejor que no digas nada al respecto; 3. *Aunque sabían* que no les iba a llegar el presupuesto para poner en órbita el satélite, no quisieron dar marcha atrás en el lanzamiento; 4. Me encontré con tu primo, el que es investigador, *cuando esperaba/mientras esperaba* en la parada del autobús; 5. *Como/Ya que/Dado que/Puesto que* sabía que iba a tener cuidado, le permitió hacer el experimento de química en el laboratorio; 6. Me envió un correo electrónico *para/con el propósito* de pedirme que le enviara un artículo de una revista científica; 7. Se presentó tarde durante el simposio de química *y (como consecuencia)/y, por lo tanto,* arguyó que no había llegado antes porque no estaba.

4. 1. e. condicional: *de haber sabido* que el programa... → *si hubiéramos sabido* que el programa...); 2. c. causal/consecutivo: *al/por entregar* tarde su solicitud... → *dado que/puesto que/entregó* tarde su solicitud...; 3. d. final: *para* poder confirmar una hipótesis... → *para que* se pueda confirmar una hipótesis...; 4. b. modal: se fueron de la reunión *sin llegar* a un acuerdo... → se fueron de la reunión *con la imposibilidad* de llegar a un acuerdo...; 5. f. concesivo: *a pesar de/con* haber impartido clase... → aunque ha impartido clase...; 6. a. temporal: *al/después de/tras* explicar las razones... → *una vez que* se explicaron las razones...

5. 1. c. causal: *como* se acaba de descubrir... → *tal y como/ya que/dado que/porque* se acaba de

67

descubrir...; **2. a.** final: indica que *su finalidad...* → indica que *su propósito* es el de mejorar el agarre.../indica que *su razón de ser* es la de mejorar el agarre.../indica que era *para* mejorar el agarre...; **3. b.** temporal: analizó la habilidad de las personas *al sacar...* → analizó la habilidad de las personas *cuando sacaban* objetos fuera del agua...; **4. c.** final: podría haber ayudado a nuestros ancestros *a conseguir...* → podría haber ayudado a nuestros ancestros *para conseguir...*; **5. a.** causal: *al tratarse de* un proceso activo... → *como/ya que/puesto que/dado que* se trata de un proceso activo...; **6. b.** condicional: *de comprobarse que* se da también en primates... → *si se comprueba que se* da también en primates...

Las oraciones condicionales

6. 1. van/es (tipo 1); **2.** chocara/podría (tipo 2); **3.** se agotara/se deberían (tipo 2); **4.** siga/se producirá (tipo 1); **5.** hubiera inventado/no se habría producido/se hubiera producido (tipo 3); **6.** desaparecieran/sería (tipo 2); **7.** consigamos/continuará (tipo 1); **8.** podrán/se desarrollen (tipo 1); **9.** fuéramos/conseguiríamos (tipo 2); **10.** hubiéramos conseguido/sería o habría sido) (tipo 3); **11.** invirtieran/sería (tipo 2); **12.** se potencie/empezará (tipo 1); **13.** utilizamos/notaremos (tipo 1); **14.** logremos/conseguiremos (tipo 1); **15.** hubieran firmado/se habría reducido (tipo 3).

7. 1. 1. cuenta, **2.** se dio cuenta, **3.** actuaba, **4.** llevó, **5.** tostó, **6.** hirvió, **7.** conocemos; **2. 1.** fue, **2.** decidió, **3.** salió, **4.** pensaba, **5.** debía, **6.** se convirtió, **7.** se derritió; **3. 1.** se inventaron/fueron inventados, **2.** hace, **3.** cuenta, **4.** mezcló, **5.** eran; **4. 1.** se elaboraron/fueron elaboradas, **2.** era, **3.** devolvió, **4.** había pedido, **5.** estaban; **6.** se enfadó, **7.** cortó, **8.** llenó, **9.** se recibió; **5. 1.** se encontraba, **2.** se percató, **3.** llevaba, **4.** se había derretido; **5.** nació, **6.** tenía; **6. 1.** fue inventado/se inventó, **2.** fue, **3.** ocurrió, **4.** dejó, **5.** se congelaron, **6.** se creó, **7.** patentó; **7. 1.** se cometía, **2.** había, **3.** se fijó, **4.** pintaban, **5.** observó, **6.** había, **7.** añadían, **8.** ocurrió, **9.** necesitaba, **10.** patentó.

8. 1. Si Ruth Wakefield no se hubiera equivocado/De no haberse equivocado Ruth Wakefield en la receta del postre que preparaba para sus invitados, el chocolate de la masa se habría derretido y no habría inventado las galletas con pepitas de chocolate; **2.** Si un cocinero chino no hubiera mezclado carbón vegetal, pólvora y sulfuro de manera accidental, no se habría producido una explosión y no se habrían descubierto los fuegos artificiales; **3.** Si un cliente del restaurante de George Croft no se hubiera quejado de lo poco crujientes que estaban sus patatas, éste no las habría cortado en rodajas finas, no las habría llenado de sal y no habría descubierto las patatas fritas; **4.** Si a Percy Spencer no se le hubiera derretido una barra de dulce que llevaba en el bolsillo cuando se encontraba estudiando un aparato de radio, no se le habría ocurrido la idea de crear el primer microondas; **5.** Si el niño Frank Epperson no se hubiera olvidado sus utensilios para hacer soda durante una fría noche de invierno, los palos no se habrían congelado y no habría podido descubrir ni patentar el helado de agua.

FOTOCOPIABLE

TAREA FINAL

Se incluyen aquí dos tareas opcionales para profundizar sobre el tema de la unidad y fomentar el trabajo en equipo o el desarrollo individual de la producción oral. En ambos casos se anima a que el alumno produzca textos orales auténticos sobre un determinado tema y que haga uso de las nuevas tecnologías como herramienta en el aprendizaje de la lengua.

TAREA EN GRUPO
La historia de un invento.
- Escoged un invento que en haya contribuido a mejorar la calidad de vida de las personas.
- Trazad sus orígenes: quién o quiénes lo inventaron, cómo dieron con la idea, identifica si fue algo fortuito o el resultado de una amplia investigación y explica cómo se inventó.
- Mostrad cómo ha evolucionado desde sus orígenes, si sigue siendo igual que cuando se creó o si ha evolucionado en su forma, tamaño, utilidad, uso, etc.
- Grabad la presentación como si fuera un documental radiofónico.

TAREA INDIVIDUAL
Un tema sobre el que te gustaría investigar.
¿Sobre qué tema crees que te gustaría investigar? ¿Por qué? ¿Quiénes se beneficiarían de los avances y descubrimientos? Busca información y elabora un informe para grabarlo a continuación.
- Escoge un tema que te interese.
- Recoge datos interesantes sobre la investigación para contextualizar de qué se trata.
- Documenta la noticia en diferentes medios para ver cómo se analiza el tema: fíjate en la manera en la que se presenta la información, qué es lo que se destaca, el vocabulario que se utiliza, etc.
- Haz uso de al menos un gráfico y una imagen que te ayuden a exponer la información.
- Redacta el informe y asegúrate de que tu redacción no contiene erratas.
- Graba el informe como si fuera un documental radiofónico.

Tema 6

INTRODUCCIÓN AL TEMA (pp. 64-65)

Estímulo visual

En unos dos minutos se les puede pedir a los alumnos que observen la imagen y que piensen en un par de ideas de manera individual sobre qué es lo que les sugiere. En este caso, se ve una mujer que está haciendo yoga encima de una mesa y, por los objetos que vemos a su alrededor, deducimos que se encuentra en su oficina o lugar de trabajo. Una posible interpretación de esta imagen, vinculada con la idea de *vivir para trabajar*, es que la mujer tiene un horario de trabajo tan intenso que ya vive donde trabaja, por lo que no tiene ni siquiera tiempo para ir al gimnasio o relajarse. Otra posible interpretación, de acuerdo con la idea de *trabajar para vivir*, es que la mujer de la imagen simboliza el equilibrio entre la vida laboral y la personal, o que simplemente es alguien que sabe cuándo tiene que desconectar del trabajo para practicar un *hobby*. Una vez que los alumnos hayan puesto en común sus diferentes opiniones, pueden trabajar en parejas y elegir cuál es el significado correcto de los propuestos para averiguar qué significa la expresión que da título al capítulo.

→ Puesta en común sobre las diferentes opiniones con el resto de la clase.

Soluciones: **B.** No tener vida a causa del trabajo.

> ### Dosier de gramática
> Se recomienda integrar aquí el componente gramatical con los ejercicios 4. y 5. del Dosier de gramática (pp. 150-151), ya que el texto *¿Trabajar para vivir o vivir para trabajar?* puede servir para romper el hielo acerca del tema del capítulo y está además relacionado con el tema de la unidad y la imagen de portada.

Cuestiones previas

En parejas o en pequeños grupos, se les pide a los alumnos que lean y que intenten dar su opinión sobre las cuestiones previas que se plantean. Las preguntas que se incluyen muestran diferentes perspectivas sobre el trabajo y lo relacionan un poco más vinculándolo a situaciones o sucesos recientes.

→ Puesta en común sobre las diferentes opiniones con el resto de la clase.

Comenta las siguientes afirmaciones

El profesor, o los alumnos, van leyendo en voz alta las afirmaciones relacionadas con el tema del capítulo, que en este caso son frases célebres de conocidos personajes que pertenecen a diferentes tradiciones culturales. El objetivo de esta actividad es invitar al debate sobre el tema y hacer que, tras la lectura de las frases, los estudiantes participen y comenten su punto de vista sobre cada una de ellas. Lo importante es que

¿Trabajar para vivir o vivir para trabajar?

practiquen oralmente ante el estímulo oral de las frases. De esta manera, se consigue fomentar la interacción desde el primer momento, con vista a que sea una dinámica constante durante toda la unidad.

EN PORTADA (pp. 66-67)

Biografía

Los estudiantes, en parejas o en pequeños grupos, tienen que reconstruir la biografía de la deportista y empresaria Edurne Pasaban a partir de los datos que aparecen y luego responder a la pregunta que se plantea. Para ello, tendrán que hacer un buen uso de los tiempos del pasado, así como de otros conectores temporales que les ayuden a enlazar la información. Con este ejercicio se desarrolla la capacidad de transformar una información esquemática en una narración, tal como harán cuando tengan que apuntar o tomar nota sobre diferentes ideas, durante una exposición oral, en un debate, etc., y luego tengan que enlazar las ideas para construir argumentos.

→ Puesta en común sobre las diferentes opiniones con el resto de la clase.

Cuando se haga la puesta en común puede resultar útil preguntarles a los alumnos si hay algo de la biografía de la persona que les haya llamado la atención. En el caso de Edurne Pasaban, su vida profesional se ha desarrollado en dos ámbitos muy diferentes: la escalada como actividad deportiva y profesional, y el mundo de los negocios, así que el profesor puede decidir introducir el concepto de pluriempleo que se trabajará más adelante para saber cuál es la opinión de los alumnos. Mediante estas reflexiones se consigue, por un lado, conocer un poco mejor a la persona entrevistada antes de leer la entrevista y, por otro lado, captar la atención y suscitar el interés en el alumno sobre los contenidos que se van a desarrollar a continuación.

La entrevista
Actividad 1.

Se puede pedir a los alumnos que hagan una primera lectura rápida del texto de la entrevista solamente con el fin de comprobar sus respuestas.

Soluciones: 1. b. catorce; **2. c.** impartir conferencias; **3. a.** *Al filo de lo imposible*; **4. c.** depresión; **5. c.** Corea del Sur; **6. b.** un peluche; **7. a.** sentimental.

Actividad 2.

Los alumnos pueden trabajar en parejas o de forma individual. El objetivo de esta actividad es que lean con atención el texto íntegro de la entrevista y que lo completen con los fragmentos que faltan. De esta manera, se fomenta la comprensión lectora.

→ Puesta en común para corregir la actividad con el resto de la clase.

Soluciones: 1. e. pero la montaña se cruzó en su camino. Es la primera mujer que ha coronado los 14 ochomiles; **2. d.** motivacionales, de equipo, sobre cómo gestionar momentos complicados...; **3. g.** Así que eso es lo que explico en mis conferencias: cómo hemos funcionado juntos, cómo gestiono el riesgo. ¡Ahora mismo, las empresas viven muchos riesgos!; **4. i.** Hasta hace algunos años, la montaña solo aparecía en la prensa cuando ocurría una desgracia muy dura; **5. h.** pero es difícil situarse en lo que puede ocurrir a 8.000 metros. El miedo siempre está presente y es difícil gestionarlo. Sin embargo, hay que saber identificarlo, porque siempre es por algo; **6. c.** Nunca pensé que entraría en una enfermedad como esa. Es un mundo totalmente desconocido que no puedes entender hasta que te pasa. Estuve a punto de tirar la toalla, pero la gente que me apoyó me hizo abrir los ojos; **7. b.** porque lo que quiero es que la gente entienda lo que he hecho y por qué: era un proyecto de vida, algo que me daba ganas de vivir. Y ha sido así; **8. f.** como subir siempre junto a un pequeño peluche. Otra es la de utilizar siempre la misma camiseta el día de la cumbre; **9. a.** y todavía no he encontrado a mi media naranja. Quizá esa sea la gran cima que me falta.

→ En el apartado **Ahora tú** se proporcionan preguntas de ampliación. El profesor les pide a los alumnos que en parejas o en pequeños grupos reflexionen sobre las preguntas que se plantean. Siempre es recomendable que el alumno se apoye en el vocabulario que vaya apareciendo sobre la materia. Estas pautas serán útiles con vistas al debate final que se plantea en la sección Cierre de cada uno de los capítulos.

→ Puesta en común sobre las diferentes opiniones con el resto de la clase.

MÁS PALABRAS (pp. 68-69)

Actividad 1. a.

En esta actividad se trabaja el vocabulario relacionado con el tema del capítulo: el trabajo. La primera parte de la actividad enlaza con la entrevista a Edurne Pasaban y presenta tres profesiones poco habituales. El profesor puede pedir a los alumnos que, a partir de la imagen y del nombre de la profesión, intenten describir cómo se imaginan algunas de las actividades propias de cada una de estas profesiones. También les puede sugerir que imaginen que trabajan en el departamento de Recursos Humanos de una empresa que está buscando esos tres perfiles profesionales (o uno de ellos) y deben crear un anuncio de trabajo en el que se describen las principales responsabilidades de cada uno. Esta contextualización de la actividad se puede mantener también para el ejercicio siguiente. Por último, se puede plantear un debate general sobre cuáles son las profesiones más demandadas hoy día, qué otras profesiones conocen que han aparecido en los últimos años y cómo creen que va a ir cambiando el mercado laboral en el futuro.

Soluciones: Posibles respuestas: **1.** Psicólogo canino: ayuda a que los perros y los seres humanos se entiendan mejor; cura los posibles problemas de los perros que no sean de origen puramente físico; los adiestra para que tengan un comportamiento mejor; **2.** Probador de videojuegos: es capaz de completar un videojuego y analizar su función como plataforma de entretenimiento; reconoce los posibles problemas o fallos técnicos y ofrece soluciones para mejorarlos; escribe y presenta informes para desarrollar otros juegos según la demanda del mercado. Aunque parezca un trabajo divertido, tiene que tomárselo en serio, ya que *no es ningún juego*; **3.** Estilista culinario: crea platos que llamen la atención del público; sabe cómo destacar ciertas cualidades de los alimentos en función de las necesidades de los clientes (por ejemplo, hacer que una hamburguesa parezca muy saludable y fresca); sabe cocinar e integrar nuevos sabores en la cocina tradicional (sin embargo, en este caso el aspecto es más importante que el sabor); diseña platos para hacer publicidad de diferentes restaurantes.

Actividad 1. b.

Esta actividad está relacionada con la anterior y su objetivo es que los estudiantes, a partir de las diferentes tareas propias de cada profesión, elijan las cualidades necesarias para ejercer con éxito las tres profesiones y justifiquen sus respuestas.

→ Puesta en común sobre las diferentes opciones con el resto de la clase.

Soluciones: Posibles respuestas: **1.** Psicólogo canino: disciplina, persistencia, disponibilidad, intuición, humildad, paciencia, empatía, respeto, estabilidad emocional; **2.** Probador de videojuegos: disciplina, persistencia, eficiencia, rapidez, paciencia, improvisación; **3.** Estilista culinario: creatividad, elegancia, persistencia, paciencia, improvisación.

Actividad 2.

Como actividad previa, el profesor puede pedir a los estudiantes que expliquen qué entienden por el término *emprendedor*, así como qué cualidades debe poseer una persona emprendedora y qué diferencias existen con respecto a las personas que no lo son. Después de la actividad previa, se puede pasar a la actividad 2., en la que los estudiantes aprenderán más sustantivos relacionados con el tema del trabajo, que tendrán que asociar con la sección correspondiente del decálogo del buen emprendedor. De este modo, los sustantivos están contextualizados, facilitando así su comprensión y memorización. Además, cada sección del decálogo contiene un sinónimo del sustantivo relacionado para facilitar el desarrollo de la tarea e introducir el tema de la siguiente actividad. El profesor puede decidir ampliar un poco la actividad pidiendo a los estudiantes que expresen su opinión acerca del valor del decálogo o de sus secciones, o que elijan el consejo que, según ellos, es más importante y que, por lo tanto, justifiquen su elección.

Soluciones: 1. decisión; **2.** colaboración; **3.** organización; **4.** creatividad; **5.** seguridad; **6.** curiosidad; **7.** flexibilidad; **8.** perseverancia; **9.** autonomía; **10.** responsabilidad.

Actividad de ampliación

Después de haber trabajado con el decálogo del buen emprendedor, el profesor puede plantear a los estudiantes las siguientes preguntas con el objetivo de fomentar la interacción oral:

- ¿Te consideras una persona emprendedora? Si tuvieras la oportunidad de montar una empresa, ¿de qué sería? ¿Qué cualidades de las que han aparecido crees que ya posees? ¿Cuáles te gustaría mejorar?
- Normalmente, ¿prefieres trabajar solo o en equipo? ¿Por qué? ¿Qué cualidades valorarás más en un/a colega?
- En tu trabajo, ¿tiendes a ahogarte en un vaso de agua por las cosas? ¿Has tenido alguna vez que tomar cartas en el asunto? ¿Te has sentido en algún momento como si tuvieras la sartén por el mango?

Actividad 3.

En este ejercicio se trabaja la sinonimia de manera más explícita, ya que los estudiantes tienen que elegir el sinónimo de los sustantivos dados. Además, se practica también la derivación de adjetivos a partir de sustantivos (*decisión*: *decidido*), favoreciendo como estrategia de aprendizaje la adquisición del léxico en sus diferentes categorías gramaticales.

Soluciones: 1. Decisión/firmeza: decidido/firme. **2.** Colaboración/cooperación: colaborativo/cooperativo. **3.** Organización/planificación: organizado/planificado. **4.** Creatividad/originalidad: creativo/original. **5.** Seguridad/resolución: seguro/resoluto. **6.** Curiosidad/observación: curioso/observador. **7.** Flexibilidad/adaptabilidad: flexible/adaptable. **8.** Perseverancia/persistencia: perseverante/persistente. **9.** Autonomía/independencia: autónomo/independiente. **10.** Responsabilidad/compromiso: responsable/comprometido.

Actividad 4.

En esta actividad se trabajan expresiones idiomáticas relacionadas con el tema del trabajo y las aptitudes laborales. El profesor puede explicar que los hablantes nativos a menudo hacen uso del lenguaje idiomático porque ayuda a concretar o a matizar el significado de lo que se desea expresar. Se debe asegurar de que los estudiantes entienden bien las diferentes expresiones idiomáticas, por lo que se puede incidir en cuáles les parecen más lógicas, teniendo en cuenta su significado literal y metafórico. Por ejemplo, algunas de las expresiones que aparecen son bastante lógicas: *tirar la toalla* = darse por vencido, como le ocurre a un boxeador; *tener la sartén por el mango* = ejercer el control, como la persona que sujeta la sartén y que controla de alguna manera lo que está cocinando; *consultar algo con la almohada* = reflexionar sobre algo antes de tomar una decisión, etc. También se puede abordar en relación con el lenguaje idiomático la noción de *registro*, ya que muchas de las expresiones que aparecen se utilizan más en la lengua oral. Cada expresión idiomática se presenta contextualizada para que el estudiante comprenda su significado y uso.

Soluciones: 4. 1. f. Ahogarse en un vaso de agua: preocuparse excesivamente por las cosas; **2. d.** Consultarlo con la almohada: meditar algo antes de tomar una decisión; **3. b.** Dar en el clavo: acertar; **4. e.** Tener la sartén por el mango: ejercer el control; **5. h.** Tirar de la manta: contar algo que involucra a otras personas; **6. a.** Tomar cartas en el asunto: decidirse a hacer algo; **7. g.** Dar la lata: molestar; **8. c.** No caber ni un alfiler: haber poco espacio.

Actividad de ampliación

Puede preguntar a los estudiantes cuáles de estas expresiones idiomáticas reflejan mejor el significado que se quiere transmitir o pedirles que elaboren un breve texto (oral o escrito) en el que se utilicen dos de estas expresiones idiomáticas en un contexto comunicativo. Por ejemplo: *ahogarse en un vaso de agua* y *tirar la toalla* se pueden utilizar en su forma negativa para animar a un amigo que está pasando por un momento difícil.

Actividad de ampliación

Para fomentar la expresión oral, puede proporcionar a la clase las siguientes preguntas para que las vayan contestando en parejas o en pequeños grupos: **a.** ¿Has tirado alguna vez la toalla? ¿Cuándo y por qué?; **b.** ¿En qué ocasión te ahogaste en un vaso de agua?; **c.** ¿Qué cuestiones sueles consultar con la almohada?; **d.** Diste en el clavo cuando…?; **e.** ¿Quién tiene la sartén por el mango en tu casa?; **f.** ¿En qué momento tuviste que tomar cartas en un asunto?

> **Dosier de gramática**
> Se recomienda integrar aquí el componente gramatical con el ejercicio 3. del Dosier de gramática (pp. 149-150), ya que el texto *¿Qué es un* cool hunter 2.0 *y para qué sirve?* trata de otra profesión nueva o poco común, una especie de cazatalentos o persona dedicada a buscar individuos idóneos para ser contratados por compañías. Esta actividad puede dar pie a la expresión oral.

DESTACADO (pp. 70-71)

Actividad 1. a.
En esta primera actividad de esta sección se introducen unas declaraciones acerca de diferentes situaciones laborales que los estudiantes tendrán que atribuir a los empresarios o a los trabajadores. Es importante que se fijen en cómo se expresan los diferentes puntos de vista o perspectivas sobre un mismo tema. Este aspecto les resultará útil para el debate final, ya que no todos los alumnos estarán de acuerdo con las mismas ideas.

Actividad 1. b.
Después de ver los modelos de declaraciones en la actividad 1. a., el profesor les pedirá a cada estudiante o pareja de estudiantes que traten de identificarse con una de las dos perspectivas y escribir una nueva declaración relacionada con el tema. Es importante que el profesor recuerde a la clase que se puede hacer uso del vocabulario que han aprendido a lo largo de la unidad.

→ Puesta en común sobre las diferentes opciones con el resto de la clase.

Soluciones: Empresarios: declaraciones **1.**, **2.**, **4.** Trabajadores: declaraciones **3.**, **5.**, **6.**

→ En el apartado **Ahora tú** se proporcionan preguntas de ampliación vinculadas con las expresiones y vocabulario específico que ha aparecido en las declaraciones de empresarios y trabajadores. El profesor les dice a los alumnos que se pongan a trabajar en parejas o en pequeños grupos para reflexionar sobre las preguntas que se plantean, prestando especial atención al léxico.

→ Puesta en común sobre las diferentes opciones con el resto de la clase.

Algunas de estas preguntas se pueden plantear a toda la clase con el objetivo de empezar un breve debate.

Actividad 2. a.
En esta segunda actividad los estudiantes van a aprender diferentes refranes relacionados con el trabajo. El profesor puede ayudar a los estudiantes diciéndoles que muchos refranes se componen de dos partes y hacen uso de rimas entre la primera y la segunda parte. Además, se aconseja que insista en su importancia a la hora de argumentar, ya que se basan en la sabiduría popular.

→ Puesta en común sobre las diferentes opciones y significados con el resto de la clase.

Soluciones: 1. *Al que madruga, Dios le ayuda*: sugiere que quien se levanta temprano, es responsable y se esfuerza tendrá éxito en el trabajo o en la vida en general; **2.** *A* *quien trabaja, no le falta su paga*: indica que el trabajo siempre tiene su recompensa, normalmente económica; **3.** *Después del trabajo, viene la alegría*: subraya la obligatoriedad del trabajo y la recompensa que viene con el descanso posterior, una vez que una persona ha cumplido con su jornada laboral; **4.** *El brazo a trabajar, la cabeza a gobernar*: sugiere que, dependiendo de las cualidades de cada uno, algunas personas son más indicadas para realizar trabajos de gestión y otras para trabajos manuales; **5.** *El que algo quiere, algo le cuesta*: indica que todo tiene un precio y que hay que esforzarse para obtener lo que uno quiere; **6.** *El que de joven no trabaja, de viejo duerme en la paja*: subraya la importancia del trabajo, sobre todo cuando uno es joven, para poder gozar de estabilidad económica en el futuro; **7.** *El trabajo y la economía son la mejor lotería*: contrasta la suerte de una persona que tiene un trabajo estable y que es ahorradora con otra que no está satisfecha con lo que tiene y que se queja de que le gustaría poder permitirse más lujos; **8.** *En cualquier trabajo u obra, el que no ayuda estorba*: alude a que, cuando se trabaja en equipo, todo el mundo debe cumplir con su deber y esforzarse, o de lo contrario es mejor no contar con personas que no lo vayan a hacer; **9.** *No hay mejor herencia que trabajo y diligencia*: indica que lo mejor que puede tener una persona es un trabajo y que le hayan educado de manera que sea una persona responsable y trabajadora; **10.** *Padre millonario y trabajador, hijo vago y malgastador*: nos recuerda que lo que se obtiene sin esfuerzo no se suele apreciar y subraya. De manera indirecta señala la importancia de una buena educación.

Actividad 2. b.

Los estudiantes pueden trabajar en pequeños grupos o parejas. El objetivo de esta actividad es que, después de haber reconstruido los diferentes refranes y haber debatido con el resto de la clase acerca de su significado, cada estudiante tenga la oportunidad de utilizarlos en un contexto comunicativo concreto.

→ Puesta en común sobre las diferentes opciones el resto de la clase.

Soluciones: 1. *Después del trabajo, viene la alegría*; **2.** *Padre millonario y trabajador, hijo vago y malgastador*; **3.** *Al que madruga, Dios le ayuda*; **4.** *El que de joven no trabaja, de viejo duerme en la paja*; **5.** *El brazo a trabajar, la cabeza a gobernar*; **6.** *El que algo quiere, algo le cuesta*; **7.** *En cualquier trabajo u obra, el que no ayuda estorba*; **8.** *El trabajo y la economía son la mejor lotería*.

→ En el apartado **Ahora tú** se proporcionan preguntas de ampliación vinculadas con los refranes que han aparecido en la actividad y sus contextos de uso. El profesor les dice a los alumnos que se pongan a trabajar en parejas o en pequeños grupos para reflexionar sobre las preguntas que se plantean.

> **Dosier de gramática**
> Se recomienda integrar aquí el componente gramatical con los ejercicios 1. y 2. del Dosier de gramática (pp. 147-148), en los que se trabaja con textos que tratan de los deberes y las obligaciones de los trabajadores, y estructuras para expresar obligación, falta de obligación y comienzo de una acción. Estas actividades pueden dar pie a la expresión oral (por ejemplo, acerca de cómo han cambiado las condiciones laborales con el paso del tiempo, o los diferentes puntos de vista de empresarios y empleados acerca de las obligaciones y deberes de cada uno) y están relacionadas en particular con el tema de la actividad 1. a.

ESPECIAL MUNDO HISPANO (pp. 72-73)

Actividad 1. a.
En esta sección conviene que el profesor se informe sobre los diferentes deportistas del mundo hispano que se mencionan, para proporcionar más contexto a los alumnos.

→ Puesta en común sobre las diferentes opciones con el resto de la clase.

Soluciones: 1. d. Lorena Ochoa; **2. a.** Sofía Mulánovich Aljovín; **3. e.** David Américo Ortiz Arias; **4. b.** Lisa Fernández; **5. c.** Javier Sotomayor.

Actividad 1. b.
Los estudiantes en parejas o pequeños grupos vuelven a leer los textos para contestar a las preguntas de verdadero o falso. Es importante que justifiquen sus respuestas.
Soluciones: 1. F.; 2. F.; 3. V.; 4. V.; 5. V.

→ En el apartado **Ahora tú** se proporcionan dos preguntas de ampliación relacionadas con el mundo del deporte. Los alumnos, en parejas o en pequeños grupos, reflexionan sobre las cuestiones que se plantean.

CIERRE (pp. 74-75)

Actividad 1.
Esta actividad se ubica en el contexto del mundo laboral y se trabaja un tipo de texto oral muy frecuente, las conversaciones telefónicas (formal e informal). Los alumnos tendrán que practicar e interpretar una de las dos conversaciones telefónicas incorporando el vocabulario y las expresiones aprendidas a lo largo de la unidad, y teniendo en cuenta las estrategias de expresión oral y usando los recursos comunicativos (p. 74). Asimismo, es conveniente que el profesor repase en voz alta junto con los estudiantes las diferentes estructuras, a fin de que tengan claro cómo utilizarlas correctamente.

Actividad 2.

Esta actividad está relacionada con el tema del pluriempleo, al cual se había hecho referencia en la biografía de Edurne Pasaban. Para su desarrollo se proporcionan dos opiniones diferentes acerca del pluriempleo para que los estudiantes expresen si están de acuerdo o no y los comenten.

¡A debate!

Se recomienda leer en voz alta los recursos comunicativos (p. 75) para que los alumnos se familiaricen con ellos. Al mismo tiempo, el profesor debe hacer matizaciones gramaticales, por ejemplo si la estructura se utiliza con indicativo o con subjuntivo, así como si pertenecen al registro formal, *me consta que...*, o informal, *para mí que...*

Dosier de gramática. Soluciones
¿Trabajar para vivir o vivir para trabajar? (pp. 147–151)

El subjuntivo: expresar obligación y necesidad

1. a. 1. lleguen; **2.** se pongan; **3.** ejecutar; **4.** observen; **5.** se sometan; **6.** guarde; **7.** proporcionen; **8.** notifique; **9.** usar; **10.** Dejen.

b. 1. Era imprescindible que los trabajadores llegaran puntuales a la empresa; **2.** A todos los becarios se les asignaba un mentor y era importante que se pusieran en contacto con él lo antes posible; **3.** Era obligación de todos los trabajadores ejecutar el trabajo con la eficiencia, el cuidado y el esmero apropiados y en la forma, el tiempo y el lugar convenidos; **4.** Era necesario que todos los empleados observaran buenos hábitos durante el trabajo; **5.** No se requería a los trabajadores que se sometieran a ningún reconocimiento médico; **6.** Se necesitaba que todo el equipo guardara los secretos técnicos, comerciales o de fabricación de los productos en cuya elaboración hubieran concurrido directa o indirectamente; **7.** Hacía falta que todos los nuevos empleados proporcionaran un número de cuenta bancaria válido para el ingreso de su nómina; **8.** En caso de ausencia injustificada del trabajo, bastaba con que el empleado notificara su situación con un día de antelación para no incurrir en sanciones disciplinares; **9.** Ningún trabajador tenía que usar los útiles y herramientas suministrados por el patrón para objeto distinto de aquel a que estaban destinados; **10.** Era obligatorio que todos los trabajadores dejaran constancia de la hora de entrada y salida del trabajo.

2. 1. a. Debemos tratar: tenemos que considerar la posibilidad de ascender a Sergio; **2. b.** rompió a gritar: Miriam comenzó a gritar; **3. c.** debería haber leído: tendría que haber leído el correo electrónico; **4. a.** he echado a correr: he comenzado a correr;

5. c. ponerme a llorar: no quiero echarme a llorar; **6. a.** habrá que darle: deberíamos avisarla; **7. b.** echarse a reír: Carlos se ha puesto a reír; **8. a.** hemos de terminar: estamos obligados a terminar la reunión; **9. c.** tendré que marcharme: me veré obligada a marcharme; **10. c.** está para llover: está a punto de llover.
3. **1.** tienen que incorporar; **2.** deben ser; **3.** deben ubicarse; **4.** han de depender; **5.** tienen que ganar; **6.** deberían realizar; **7.** habría que contratar; **8.** tendría que ofrecer; **9.** deberían fichar; **10.** han de evolucionar; **11.** tendría/tiene que ser olvidado.
4. **(1)** En España existe un nutrido grupo **(2)** de adictos al trabajo. Los expertos calculan que ronda el 10 % **(3)** de la población trabajadora. El *workaholism* es un concepto que emerge **(4)** de la sociedad estadounidense **(5)** en la década **(6)** de los setenta y surge **(7)** de la unión **(8)** de dos términos: *work* (trabajo) y *alcoholism* (alcoholismo). No tiene nada que ver **(9)** con emborracharse en la oficina. La enfermedad, una suerte **(10)** de patología social, consiste **(11)** en desear trabajar compulsivamente **(12)** a todas horas, cuantas más mejor, y **(13)** en todas partes. Suele ser una persona que le dedica **(14)** a su trabajo más tiempo **(15)** de lo que le exige la situación, que encuentra más aliciente **(16)** en su centro laboral que **(17)** en su propia vida privada y que anda continuamente enganchado **(18)** al teléfono móvil. Si tus características son las siguientes, es que realmente vives **(19)** para trabajar: te llevas trabajo a casa **(20)** al salir **(21)** de la oficina; no te olvidas **(22)** de las preocupaciones laborales **(23)** al entrar **(24)** en casa; experimentas cansancio e irritabilidad si no trabajas durante los fines **(25)** de semana; eres competitivo **(26)** en cualquier actividad, incluso cuando practicas deportes **(27)** en familia, eres impaciente y miras **(28)** con mucha frecuencia el reloj. **(29)** En la actualidad hay muchas personas **(30)** para las que el trabajo no es ya un simple medio **(31)** para ganarse la vida, sino un medio **(32)** de expresión personal, un afán **(33)** de lograr dinero, posición social, prestigio, éxito, etc. Algunos investigadores **(34)** en la materia han encontrado manifestaciones positivas **(35)** de esta adicción. **(36)** Por ejemplo, la satisfacción **(37)** con el estilo **(38)** de vida elegido, la hipermotivación laboral y un aumento considerable **(39)** de la competitividad. La cuestión es saber a quién benefician estas virtudes. **(40)** Para el empresario, el adicto **(41)** al trabajo puede ser el empleado modelo, ya que trabaja más que nadie, ofrece un verdadero ejemplo **(42)** de lo que es esforzarse **(43)** para la empresa **(44)** a los compañeros **(45)** de la oficina y, encima, se siente cómodo **(46)** en su terreno **(47)** de dominio.
5. El hecho de que esta anomalía se dé más entre los jóvenes que entre los mayores hace que se esté renunciando a tener hijos. Se ha comprobado que los adictos al trabajo son propensos a la hipertensión, a las enfermedades coronarias, a las úlceras y a las jaquecas. Además, resulta que son gente concienzuda y perfeccionista. Se ha

visto también que trabajan 17 horas al día y les parece que es normal. Lo cierto es que el *workaholism* es una adicción relativamente moderna, tanto como Internet, las drogas de diseño, la televisión digital o la comida rápida, etc. Pablo Lafargue, en su libro *El derecho a la pereza*, opinaba que el gran error del movimiento obrero había sido reivindicar trabajo y aconsejaba cambiar las tornas y apuntar las proclamas hacia una pereza de justicia social. En definitiva, ¿no sería mejor trabajar para vivir?

6. 1. La crisis económica ha acabado con (ha terminado con) la paciencia de muchos ciudadanos, que han visto cómo sus puestos de trabajo han desaparecido; **2.** Es cierto que Miguel anda con (frecuenta) los principales directivos de su trabajo a todas horas, pero me sigue pareciendo una persona en la que poder confiar; **3.** Contamos con (confiamos en) que pronto se producirá un importante cambio beneficioso para la empresa. Todo parece indicar que trasladan al jefe actual a otro departamento; **4.** La Asociación de Trabajadores por los Sueldos Justos correrá con (asumirá) todos los gastos que se ocasionen en la campaña publicitaria para darse a conocer entre la gente; **5.** Al final, la empresa dio con (encontró) la clave para poder seguir adelante a través de una deslocalización, lo que llevaría a muchos trabajadores a la calle y a otros a cambiar de país si quieren seguir con su trabajo; **6.** Ahora el hijo de Manuela se ha metido a (ha empezado como) sindicalista, y eso que no quería oír ni hablar de la política; **7.** Tu madre podría perfectamente pasar por (ser considerada una) actriz porque es guapísima y tiene muchas dotes para la interpretación; **8.** Han realizado una encuesta donde han preguntado por (se han interesado por) el país que tenía el índice más elevado de horas laborales y la respuesta mayoritaria ha sido China; **9.** Actualmente, los abuelos son los que tiran de (ayudan a) la familia con su pensión cuando ven que sus hijos se han quedado en el paro y se hace imposible llegar a fin de mes; **10.** ¿Que van a ir las cosas mejor? ¿Me has tomado por (consideras un) tonto? No se están haciendo las cosas bien y yo ya no soy ni mileurista; **11.** Algunos políticos deberían dejar de meterse con (atacar) todos los servicios públicos porque están destruyendo miles de puestos de trabajo; **12.** Rara vez los jefes tratan con (se relacionan con) los empleados y debería fomentarse más este contacto, ya que es una manera de crear buen ambiente en el trabajo; **13.** Esta mañana el inspector ha quedado (se ha reunido) con el director del instituto para ver cuántas plazas de profesores pueden quedar vacantes para el próximo curso; **14.** Miles de ciudadanos sin empleo se tendieron (se tumbaron) en el suelo del Congreso para manifestar con este gesto la repulsa que sienten ante la altísima tasa de paro del país; **15.** El sindicato trató de (intentó) explicar en vano al Gobierno que la reforma laboral que pretende aplicar solo iba a destruir empleo, no a crearlo.

FOTOCOPIABLE

TAREA FINAL

Se incluyen aquí dos tareas opcionales para profundizar sobre el tema de la unidad y fomentar el trabajo en equipo o el desarrollo individual de la producción oral. En ambos casos se anima a que el alumno produzca textos auténticos sobre un determinado tema y que haga uso de las nuevas tecnologías como herramienta en el aprendizaje de la lengua.

TAREA EN GRUPO
Crear y grabar una entrevista laboral a partir de un anuncio.
- En pequeños grupos, elegid una de las ofertas de trabajo siguientes:

Empresa internacional líder en el sector de la banca personal precisa:
Asesor/a de inversión

Requisitos:
- Orientación al cliente.
- Orientación hacia consecución de objetivos.
- Buen nivel de comunicación.
- Experiencia en ventas.
- Trabajo en equipo.
- Disponibilidad de fines de semana y festivos.
- Incorporación inmediata. Sistema retributivo atractivo.

Tienda de antigüedades requiere:
restaurador/a de muebles antiguos

Buscamos a una persona apasionada por la decoración, a la que no le importe aprender nuevas técnicas. Imprescindible adaptabilidad al trabajo en pequeña empresa familiar y que sepa cumplir con los plazos establecidos por nuestros clientes. Se valorarán conocimientos sobre el tratamiento y la eliminación de la carcoma.
Interesados contactar con Roque Ibdes en la siguiente dirección: ventas@lasillafeliz.es

---

- Distribuid los diferentes roles para la entrevista:
  - Una persona será el entrevistado y una o dos personas serán los entrevistadores.
  - Pensad bien en las posibles preguntas y respuestas (y usad el vocabulario y las expresiones que se han trabajado en la unidad y que os puedan servir).

- Intentad que el registro y el vocabulario sean adecuados a la situación comunicativa y usad algunos de los recursos comunicativos de este tema. Tened en cuenta el lenguaje no verbal: gestos, contacto visual, etc.
- Haced un listado de las cualidades que debería reunir el/la candidato/a ideal para el anuncio. El resto de la clase valorará al final si la persona debería conseguir el puesto de trabajo o no.
- Elaborad un guion y ensayad vuestra entrevista para después grabarla y compartirla con el resto de la clase.

TAREA INDIVIDUAL
Un ciudadano preocupado por la situación laboral de su país.
- Elige un país e infórmate a través de Internet y de la prensa acerca de su situación laboral. Intenta contestar a estas preguntas: ¿Cuáles son las oportunidades laborales para los principales sectores de la población? ¿Cuáles son las profesiones con mayor futuro? ¿Qué sectores destacan por su demanda y/u oferta laboral?
- Consigue apoyos visuales que te ayuden a crear tu documental: fotografías, gráficos, recortes de prensa, entrevistas, etc.
- Redacta un guion, graba tu documental con un micrófono y compártelo con el resto de la clase.

Tema 7

INTRODUCCIÓN AL TEMA (pp. 76-77)

Estímulo visual

Se pide a los alumnos que observen la imagen y que piensen brevemente en un par de ideas de manera individual a partir de lo que les sugiere la foto. ¿Qué son estas pintadas/frases que hay en la pared? ¿Dónde están? ¿Pueden encontrarse en otros sitios? ¿Dónde? ¿Por qué se escoge esta ubicación? ¿Por qué algunas aparecen firmadas y otras no? ¿Qué relación puede tener con el título de esta unidad?

Se pueden comentar las frases pidiéndoles a los alumnos que imaginen quién ha podido escribirlas, a quién van dirigidas, etc., es decir, intentando establecer hipótesis sobre la relación entre emisor y receptor, por ejemplo: *nadie me pregunta qué quiero aprender* puede ser de un estudiante descontento de las clases que recibe que se dirige a sus padres o profesores. *Estamos a nada de serlo todo*: en este caso, la frase viene firmada por Acción Poética, Tucumán-Arg., por lo tanto ya sabemos que se trata de algún grupo de poesía argentina que parece que está a punto de conseguir algo importante. Juega con los contrarios *todo/nada*. *No te preocupes. Ocúpate*: aparece junto a una estrella y dos corazones, puede ser una frase escrita por un grupo de jóvenes que invita a la acción y a dejar de lado la preocupación. Aconseja ponerse manos a la obra en lugar de estar quieto sin hacer nada. *Lo imposible solo tarda un poco más*: invita a la paciencia y al hecho de que pueden conseguirse las cosas que uno se propone. Parece una frase escrita por algún joven que se enfrenta a su futuro sabiendo que hay que ir despacio. Se dirige a un receptor global. *Me robas la sonrisa que ni yo sabía que tenía entre los labios*: parece que tiene un interlocutor individual, no de grupo, de alguien que manifiesta su sentimiento amoroso o amistoso hacia otra persona. ¿De un chico hacia una chica? ¿De una chica hacia un chico? ¿Hacia una persona del mismo sexo?. *Lo mejor de mi vida eres tú*: como la frase anterior también se dirige a un *tú*, personaliza y actúa como una forma de expresar un sentimiento de una persona hacia otra, feliz de haber encontrado a alguien para estar a su lado. *Queda mucho por sentir*: frase que lleva la firma de Acción Poética, parece un grupo a favor de la poesía en la calle. En este caso, se une la expresión de un sentimiento con el optimismo de que se va a prolongar en el tiempo el hecho de poder seguir viviendo otras emociones. *Recordarte hasta ser olvido*: frase firmada por Acción Poética de Chile en la línea de algunas anteriores que se dirigen a un *tú* que no se concreta, juega con los contrarios (*recordar/olvidar*) y las contradicciones. Puede ser también de algún joven que, después de querer mucho a alguien, quiere conseguir olvidar a esa persona. Para terminar, se pregunta por el significado de la frase *No olvides que te espero, no esperes que te olvide* a partir de las tres opciones que se dan y argumentando por qué deciden una y no otra. Esta frase también lleva la firma de Acción Poética.

La literatura también está en la calle

→ Puesta en común sobre las diferentes opiniones con el resto de la clase.
Soluciones: **C.** Te espero y no te olvido.
Actividad de ampliación
Se les puede pedir a los estudiantes que para la próxima sesión se fijen bien en las paredes del barrio donde viven o en cualquier otro sitio donde puedan encontrar frases de este tipo, incluso pueden hacer fotos. Se ponen en común las que hayan encontrado y se comentan en clase. Puede dar pie a un minidebate, por ejemplo, sobre la imagen que transmite un barrio con muchos grafitis, si les gustaría vivir en él, etc.

Cuestiones previas

Se les pide a los alumnos que, en parejas o en pequeños grupos, lean e intenten dar su opinión sobre las cuestiones previas que se plantean. A partir de las frases que aparecen en la imagen se les puede preguntar si alguna vez han escrito algo en un lugar público, por qué lo han hecho, cuáles son los soportes más habituales (paredes abandonadas, la puerta de un retrete, una parada de autobús, etc.), si conocen algún caso en el que les hayan puesto una multa por pintar en lugares considerados privados, si creen que este fenómeno va en aumento o si ha disminuido en comparación con su origen marginal en los barrios de algunas ciudades, etc.
→ Puesta en común sobre las diferentes opiniones con el resto de la clase.
Aquí se puede hablar del grafiti (del italiano *graffiti*), que aludía a las pintadas o formas de inscripción que se realizaban sobre los muebles, si bien su origen está en las inscripciones de las paredes que ya aparecían en el Imperio romano. Hoy día se refiere a los textos que se pintan libremente en la calle. Son frases que normalmente se escriben de manera espontánea y rápida con un aerosol y que en ocasiones son anónimos. La palabra *graffiti* en realidad es el plural de *graffito* en italiano, por ello es común oír entre los hispanohablantes el término *grafitis* para aludir al plural, si bien el *Diccionario panhispánico de dudas* recomienda el uso de las palabra *grafito/grafitos*, admitiendo como válido *grafiti* en singular y *grafitis* en plural. Se utiliza solo con una *f*, ya que en español no existe la doble grafía *ff*.
Puede indicarse que se relaciona con la cultura *hip hop* y, de esta manera, se introduce al alumno en otro de los temas de la unidad: las tribus urbanas.

Comenta las siguientes afirmaciones

El profesor o los alumnos pueden leer en voz alta las afirmaciones que proceden de la entrevista, a fin de invitar al debate sobre el tema del capítulo y comentar su punto de vista. Lo importante es que practiquen oralmente ante el estímulo de las frases y fomentar la interacción desde el primer momento con vista a que sea una dinámica constante durante toda la unidad y que sirva para desenvolverse mejor en el debate final.

> **Dosier de gramática**
> Pueden ampliarse estas afirmaciones con el ejercicio 1. del Dosier de gramática (p.152) de este tema, en el que se dan otras opiniones sobre la literatura y que puede invitar a que el alumno siga trabajando la expresión oral, además de practicar el uso de los verbos de cambio.

EN PORTADA (pp. 78-79)

Biografía

Primero, se les puede preguntar a los estudiantes si conocen al escritor que aparece en la fotografía y si han leído alguna vez algún libro de él. Después, leen de manera individual su biografía con el objetivo de responder a la cuestión de por qué se considera a sí mismo un punk literario.
→ Puesta en común sobre las diferentes opiniones con el resto de la clase.

Soluciones: Porque piensa que es un transgresor a la hora de escribir sus novelas, no solamente en la configuración de sus personajes, sino también en el uso del lenguaje.

Actividades de ampliación

El profesor, si lo cree oportuno, puede ampliar la biografía del escritor, contar alguna anécdota que le haya pasado o el fragmento de alguna de sus novelas. Si se quiere ampliar la idea de ese neorrealismo comentado en la biografía, se puede hablar del lenguaje coloquial empleado en sus novelas, una de las formas de adscribirse a esta corriente. Recomendamos especialmente al alumno las novelas *Historias del Kronen* (1994) y *Mensaka* (1998), que además cuentan ambas con versiones cinematográficas de Montxo Armendáriz y Salvador García Ruiz, respectivamente. También es útil el prólogo de su novela *Sonko 95,* donde José Ángel Mañas reflexiona sobre el uso del lenguaje coloquial.

> **Dosier de gramática**
> A la hora de contar alguna anécdota que le haya pasado a un escritor, puede tomarse como modelo el ejercicio 5. del Dosier de gramática (pp. 154-155) de este tema, que además trabaja las oraciones de relativo.

La entrevista
Actividad 1. a.
Al hilo de la lectura de la entrevista que se le realiza a José Ángel Mañas, los estudiantes piensan en las posibles preguntas que se han hecho al escritor.

Actividad 1. b.
Se leen las preguntas reales que se han formulado al escritor, se busca su lugar dentro de la entrevista y se contrastan con las que ellos habían pensado previamente para ver cuáles se parecen.
Soluciones: El orden es: **2.**, **3.**, **5.**, **7.**, **10.**, **8.**, **4.**, **9.**, **1.**, **6**.

Actividad 1. c.
Soluciones: P1. ¿Definirías tu labor literaria dentro de los cánones de un novísimo neorrealismo urbano español?; **P2.** ¿Qué te define entonces estilísticamente?; **P3.** Tus personajes responden a cierto determinismo naturalista llevado a una realidad contemporánea de estratos sociales, ¿estás de acuerdo?; **P4.** En tu literatura, ¿reflejas la realidad o la distorsionas?; **P5.** Tienen gancho tus justicias poéticas, ¿surgen o llegan con premeditación?; **P6.** ¿Cómo concibes a tus personajes?; **P7.** ¿El éxito precoz ha sido un arma de doble filo en algún momento?; **P8.** ¿Qué es lo mejor que te ha ocurrido en tu vida literaria? ¿Y lo peor?; **P9.** La sorpresa la diste con el género histórico... ¿fue tan ardua como parece la elaboración de *El secreto del oráculo*?; **P10.** *La pella* tiene un alto tirón para el celuloide, ¿qué te gustaría que se repitiera de las anteriores adaptaciones de tu obra?

Actividad de ampliación
Puede seguir trabajando el texto de la entrevista con cuestiones a partir de lo que se menciona en ella del tipo: **1.** En la entrevista se nombra el Premio Nadal de Literatura, ¿conoces otros premios literarios en lengua española o en otras lenguas? (aquí el profesor puede hablar del Premio Cervantes, del Premio Príncipe de Asturias de las Letras, del Premio Planeta, etc.); **2.** ¿Crees que este tipo de galardones refleja, por lo general, que se trata de una literatura de calidad?; **3.** El escritor opina que para él es un privilegio que lleven sus novelas al cine, ¿crees que todos los escritores suelen pensar así?; **4.** ¿Qué piensas tú de las adaptaciones que se han llevado al cine?; **5.** Si pudieras hacerle otra pregunta más a José Ángel Mañas, ¿cuál sería? ¿Por qué?

→ Puesta en común sobre las diferentes opiniones con el resto de la clase.

MÁS PALABRAS (pp. 80-81)

Actividad 1.

En esta actividad se trabaja la descripción y se contrasta la que es literaria o poética con la que es científica o informativa. Se trata de que el alumno las clasifique según se hable de una descripción subjetiva (DS) u objetiva (DO).

Soluciones: Descripción objetiva (DO): **1.**, **2.**, **5.**, **7.**; Descripción subjetiva (DS): **3.**, **4.**, **6.**, **8.**

Actividad 2.

A partir de los ejemplos descriptivos que se ofrecen, el alumno podrá ver con claridad ejemplos de cada uno de los tipos de descripción aludidos y relacionarlos adecuadamente.

Soluciones: 1. DS, un burro; **2.** DS, una cebolla; **3.** DO, un blog; **4.** DO, el placer.

Actividad 3. a.

En la descripción se hace conveniente tener un buen manejo de los adjetivos. En esta actividad se le pide al alumno que relacione los que se proponen según tengan que ver con el sentido de la vista, el olfato, el tacto, el oído o el gusto.

Soluciones: 1. vista: púrpura, pajizo, granate, cobrizo, chillón, translúcido; **2. olfato:** embriagador, inodoro, pestilente, mareante, aromático; **3. tacto:** rugoso, suave, viscoso, sedoso, terso, frágil, áspero; **4. gusto:** agrio, insípido, dulzón, rancio, avinagrado; **5. oído:** atronador, estridente, chirriante, armonioso, vibrante.

Actividad 3. b.

Se trata de que el estudiante ponga en práctica el uso de los adjetivos que acaba de clasificar con la descripción de las dos frutas que aparecen en las imágenes, la piña y la granada. Ej.: *La granada es una fruta de color granate que tiene una piel tersa y rugosa a la vez. En la parte interior está llena de pequeños granos translúcidos de sabor dulzón y de textura suave.*

Actividad de ampliación

El profesor puede pedir a los alumnos que describan una fruta para la siguiente sesión y que lean la descripción para que el resto de la clase adivine de qué fruta se trata. Además de describir su aspecto, pueden mencionar algunas de sus propiedades, así como su procedencia o los lugares donde se suele cultivar.

> **Dosier de gramática**
> Se recomienda integrar aquí los ejercicios 3. y 4. (pp. 153-154) de este tema, donde se definen y describen una serie de objetos e inventos a partir de la práctica de las oraciones de relativo. Además, puede pedirse al alumno que piense en otro invento y que escriba o elabore oralmente una descripción como la del modelo. Asimismo, puede verse el Tema 4 del Dosier de gramática, en el que se trabaja el uso del adjetivo.

Actividad 4.

Con esta actividad, el alumno trabaja la sinonimia de verbos, adjetivos y sustantivos que han aparecido a lo largo de la entrevista, con el fin de ampliar el vocabulario y que su expresión oral tenga mayor riqueza léxica.

Soluciones: verbos: 1. i.; 2. g.; 3. a.; 4. j.; 5. h.; 6. c.; 7. d.; 8. f.; 9. b.; 10. e.; adjetivos: 1. g.; 2. e.; 3. h.; 4. c.; 5. i.; 6. a.; 7. d.; 8. f.; 9. b.; 10. j.; sustantivos: 1. i.; 2. f.; 3. g.; 4. a.; 5. c.; 6. j.; 7. e.; 8. b.; 9. d.; 10. h.

Actividad de ampliación

Para trabajar aún más este léxico, los alumnos pueden escribir una frase con una palabra de cada categoría. Lo pueden hacer en parejas y luego compartirlo con el resto de la clase. Además, pueden darle a estos enunciados un aire más literario o poético en consonancia con el tema de la unidad. Ej.: *Una rebelde nostalgia me amordazaba junto con el paso del tiempo.*

DESTACADO (pp. 82-83)

Actividad 1.

Antes de realizar el cuestionario ¿*Cuánto sabes de literatura?* puede empezar con la sección **Ahora tú** (p. 82) para que el alumno se vaya situando con preguntas generales. Después, el alumno, individualmente o en parejas, completa el cuestionario y pone en común las propuestas entre todo el grupo. Puede sugerirse que cada pareja piense en un par de preguntas más relacionadas con el tema, a partir de los conocimientos que tienen, y que las hagan al resto del grupo para ver si las adivinan.

> **9.** ¿En qué ciudad está ambientada la obra *Historias del Kronen* de José Ángel Mañas?
> a) Barcelona   b) Valencia   c) Madrid   d) Bilbao

10. ¿Cuál es el nombre del grupo de escritores contemporáneos que se ha inspirado en un conocido producto alimentario?

    a) Generación Bimbo   b) Generación Nocilla   c) Generación Kleenex
    d) Generación Fanta

11. ¿Cuál de las siguientes obras de Carlos Fuentes se considera una novela gótica?

    a) *Gringo viejo*   b) *La campaña*   c) *Aura*   d) *La muerte de Artemio Cruz*

12. ¿Qué dos premios Nobel de literatura en lengua española no utilizaban su nombre real?

    a) Miguel Ángel Asturias   b) Gabriela Mistral
    c) Pablo Neruda   d) Mario Vargas Llosa

Soluciones: 1. a.; 2. c.; 3. a.; 4. d.; 5. d.; 6. a.; 7. b.; 8. d.; 9. c.; 10. b.; 11. c.; 12. b. y c.

Actividad 2.

Se trabajan con el alumno algunas expresiones idiomáticas relacionadas con el mundo de la literatura. Se le debe explicar que para comprender estas frases hay que conocer quién era el personaje en cuestión. Algunas de ellas forman parte de la cultura general. Una vez que se ha trabajado el significado de las expresiones, se ponen en práctica haciendo uso de ellas oralmente a partir de la sección **Ahora tú** (p. 83).

Actividad de ampliación

Si el profesor lo considera oportuno, puede ampliar estas expresiones relacionadas con la literatura, la mitología o la historia y trabajarlas con los alumnos: *ser un lazarillo/ hacer de lazarillo de alguien; abrir la caja de Pandora; estar bajo la espada de Damocles; ser/estar hecho un Adán; llorar como una Magdalena; ser el talón de Aquiles; ser un Narciso; tener complejo de Edipo; tener más paciencia que Job; ser (más falso que) un Judas,* etc.

Dosier de gramática

Si quiere extenderse en la expresión *ser un donjuán* se recomienda hacer el ejercicio 2. del Dosier de gramática *Cómo llegar a ser un donjuán y no morir en el intento* (pp. 152-153), que una vez resuelto puede dar pie a trabajar oralmente algunas cuestiones como: ¿se ajusta la definición que se hace del donjuán en este texto con la idea que tenías tú de este personaje? ¿Con qué formas de actuar de las que se citan coincides? ¿Con cuáles no? ¿Te has visto alguna vez en alguna de las situaciones descritas? Si es así, ¿cómo se resolvió? Al mismo tiempo, el alumno trabajará los verbos de cambio (*volverse, hacerse, quedarse, convertirse en, llegar a ser*).

Soluciones: 1. b. Ser un donjuán hace referencia a algunas obras literarias como *Don Juan*, de Juan Zorrilla. Es un mito que se ha extendido a la novela, al teatro y a la poesía no solo en la literatura hispánica. Debido al uso de esta expresión, se admite ahora como un único sustantivo *donjuán* (véase el *Diccionario de la Real Academia*), aunque todavía coexisten ambas grafías; **2. d.** Se refiere a la obra prerrenacentista atribuida al escritor Fernando de Rojas, *La Celestina,* quien era una mujer que actuaba de mediadora o de alcahueta entre los amantes Calisto y Melibea; **3. a.** Saturnino Calleja Fernández era propietario de una editorial de cuentos para niños y tenía una gran imaginación, de ahí que la frase se haya extendido para alguien que invente, por ejemplo, muchas excusas para no hacer algo; **4. e.** El personaje de la Cenicienta procede de uno de los cuentos de hadas de los hermanos Grimm. Por el trato que recibe la protagonista de su madrastra y hermanastras en la historia, se extrae el significado de la expresión; **5. f.** Hace alusión al cuento alemán de Hans Christian Andersen, quien relata todas las penurias que pasa el patito feo antes de convertirse en cisne; **6. c.** Se relaciona con el protagonista principal del libro de Miguel de Cervantes, *El ingenioso hidalgo don Quijote de la Mancha,* al que sus ideales dicen que le vuelven loco. En cuanto a la minúscula del nombre, en el *Diccionario de la Real Academia* así se indica; **7. g.** Procede de Esopo, pero los hermanos Grimm o Hans Christian Andersen, entre otros, escribieron también versiones posteriores.

Actividad 3.
Se leen las opiniones y el alumno va diciendo lo que piensa de cada una de ellas con el objetivo de seguir activando la expresión oral.

ESPECIAL MUNDO HISPANO (pp. 84-85)

Actividad 1. a.
En primer lugar, se leen las etiquetas que lleva la literatura que realiza cada uno de estos escritores: *punk* (relacionado con el movimiento musical que apareció en Inglaterra a finales de la década de los setenta que surge con carácter de protesta juvenil y cuyos seguidores adoptan atuendos y comportamientos no convencionales); *gótica* (hace referencia a la variedad de relato de misterio y terror que aparece a finales del siglo XVIII); *rock* (se relaciona con el género musical de ritmo muy marcado, derivado de una mezcla de diversos estilos del folclore estadounidense y popularizado desde la década de los cincuenta); *hippie* (se dice del movimiento contracultural juvenil surgido en los Estados Unidos de América en la década de los sesenta y caracterizado por su pacifismo y su actitud inconformista hacia las estructuras sociales vigentes) e *indie* (por ahora esta acepción no la recoge el diccionario —las anteriores sí— pero hace referencia a la música independiente surgida en la década de los ochenta en Gran Bretaña y Estados Unidos). Casi todos son términos musicales aplicados a la literatura, excepto el de *gótica* que sí que procede del mundo literario, o el de *hippie*, que es un movimiento social. Después, se invita a los alum-

nos a que piensen por qué se les caracteriza con estos nombres, a qué les suena, si los han oído asociados a otras artes o temas, como por ejemplo la pintura, la música, la moda, etc. Posteriormente, se van leyendo los textos y comentando por qué piensan entonces que se les ha dado ese nombre a la obra de estos escritores. Se puede preguntar a los alumnos si conocen a otros representantes de cada una de estas corrientes.

Actividad 1. b.

Después de la lectura, se recurre de nuevo al texto o a la memoria de los alumnos para saber si las afirmaciones que se señalan son verdaderas o falsas. Se estimula de esta manera la comprensión lectora.

Soluciones: 1. F. (tiene estos ideales porque su padre era anarquista, es decir, no se deben a que tenga dinero); **2. F.** (fue una cuestión de una crisis espiritual); **3. V.** («cuya inspiración procede de los Beatles»); **4. V.** («realiza una peregrinación en busca de sus raíces precolombinas»); **5. F.** (publica en Internet sus novelas por entregas, es decir, fragmentadas, por lo tanto, no completas).

→ En el apartado **Ahora tú** se ofrecen otras preguntas para continuar hablando sobre esta temática de las culturas urbanas, si el alumno conoce a otros escritores que se enmarquen en las corrientes mencionadas, etc.

CIERRE (pp. 86-87)

Actividad 1.

El objetivo es que el alumno sea capaz de hacer una exposición oral ante sus compañeros a partir de las pautas que ya se han dado en anteriores capítulos. Para ello, el profesor comprobará que todos están familiarizados con el concepto de *tribu urbana* antes de comenzar con la actividad. Primero, el alumno escoge entre una de las propuestas: *punkis, raperos, góticos, modernos* o *metaleros*.

Ya se han dado algunas características como algunos rasgos de su aspecto y de su ideología. Además, van acompañadas de unas fotos que dan idea de a lo que nos estamos refiriendo. ¿Están de acuerdo con lo que se dice o matizarían algo?

Pueden ampliarse estas posibilidades y decir que el alumno escoja otra tribu urbana que él conozca bien y que no está destacada en esta página para ampliar, de esta manera, las exposiciones orales y que sean más variadas: *grunges, hiphoperos, floggers, emos, canis, pijos, okupas, moteros, skaters, rastafaris*.

Se recomienda preparar la exposición fuera de clase y luego presentarla ante los compañeros. Puede ir acompañada de imágenes, de algún vídeo ilustrativo, de alguna canción que se asocie con la tribu urbana escogida o del fragmento de algún escritor con el que se relacione. Incluso, si les sirve para que su presentación resulte más significativa, venir vestido de la tribu de la que vayan a hablar.

Actividad 2.

Se aconseja realizar esta actividad en grupos pequeños, ya que la anterior exposición oral ha sido individual y así aquí se primará la capacidad de trabajar en equipo y repartirse distintas tareas entre los miembros del grupo. Se presentará posteriormente en clase, teniendo en cuenta que el resto de alumnos tiene también sus sugerencias y que pueden aconsejar en algunos aspectos o bien aceptar o rechazar lo que se propone. Es imprescindible utilizar aquí los recursos comunicativos (p. 87). Se valorará entre todos qué propuesta es la que cumple todos los puntos requeridos, la que se ha ajustado a las normas de una exposición oral y que ha sido capaz de hacerlo en un tiempo de 10/15 minutos como máximo para que todos los grupos tengan la posibilidad de hacer su presentación. Como ya se ha dicho en la actividad anterior, pueden traerse materiales de apoyo.

¡A debate!

Se lee con detenimiento lo que se plantea en este debate, *Tribus urbanas: ¿tipo de cultura o moda pasajera?*, además de las sugerencias que se dan en la manera de intervenir en él y de los recursos comunicativos (p. 87) para *mostrar indiferencia* y *cuestionar una información* que se ofrecen para su utilización.

Si el profesor ve que ya se ha hablado lo suficiente sobre las tribus urbanas, entonces se aconseja que plantee el siguiente debate: ¿merece la pena comprarse un libro electrónico? ¿Podrá sustituir el libro electrónico al de papel? ¿Qué ventajas tiene comprarse un libro de este tipo? ¿Cuáles son sus desventajas? ¿La gente va a leer más en este nuevo formato? ¿Los precios del texto digital deberían ser más baratos y estar libres de impuestos? ¿En qué medida se beneficiarán las editoriales?

Dosier de gramática

Como último ejercicio de gramática es recomendable el ejercicio 6. (p. 155) del Dosier de gramática, en el que se practican los verbos que rigen preposición a partir de frases que han aparecido a lo largo de todo el capítulo.

Dosier de gramática. Soluciones
La literatura también está en la calle (pp. 152-155)

Los verbos de cambio

1. **1. f.** se quedó; **2. h.** se vuelva/se haga; **3. e.** se hace; **4. g.** convertirse; **5. a.** me quedaría; **6. b.** se vuelve; **7. j.** se pone; **8. c.** vuelve/hace; **9. d.** hacerme o volverme; **10. i.** llegar a ser.

2. 1. convertirte en; **2.** se vuelva; **3.** se ponga; **4.** se ponga; **5.** se convertirá; **6.** han llegado a ser; **7.** te has vuelto; **8.** te quedes; **9.** quedarte; **10.** se hacen; **11.** se han quedado; **12.** volviéndote; **13.** se queda; **14.** se ha hecho; **15.** llegar a ser.

Las oraciones de relativo

3. 1. a.; **2.** b.; **3.** c.; **4.** a.; **5.** a.; **6.** c.; **7.** b.; **8.** a.; **9.** c.; **10.** a.

4. a. cuyo/que/con el que/en los que. Las castañuelas; **b.** lo que/donde/en el que. La fregona; **c.** que/con el que/quien. Las aceitunas rellenas; **d.** con el cual/por donde. El porrón; **e.** con el que/cuyo/donde. El abanico; **f.** de los que/las que. La lotería.

5. Para este ejercicio puede pedirse al alumno que señale si se trata de una oración explicativa o especificativa.

1. recibió (es una oración explicativa, siempre va en indicativo); **2.** leyera o leyese/hubiera leído (es una oración especificativa en subjuntivo, ya que no se conoce al escritor concreto); **3.** me merezco (oración especificativa en indicativo porque es algo experimentado por la persona que habla); **4.** se presentara o se presentase (es una oración especificativa en subjuntivo, ya que no se conoce al trabajador concreto); **5.** envidian (oración especificativa en indicativo porque es un hecho determinado).

Los verbos con preposición

6. 1. volvió al; **2.** se obliga a; **3.** optar por; **4.** experimentar con; **5.** dedicarme a; **6.** probarme a; **7.** se ha inspirado o se inspira en; **8.** sustituir al; **9.** Has pertenecido o perteneces; **10.** participé en.

TAREA FINAL

Se incluyen aquí dos tareas opcionales para profundizar sobre el tema de la unidad y fomentar el trabajo en equipo o el desarrollo individual de la producción oral. En ambos casos se anima a que el alumno produzca textos auténticos sobre un determinado tema y que haga uso de las nuevas tecnologías como herramienta en el aprendizaje de la lengua.

TAREA EN GRUPO

Grabar una mesa redonda entre escritores.
- En grupos, decidid qué papel tendrá cada uno:
  - Entrevistador/moderador.
  - Tres escritores (podéis imitar la personalidad, la manera de hablar, etc., de alguno que conozcáis o inventaros una).
- El moderador tendrá que pensar en las preguntas que va a hacer a los escritores, sabiendo que el asunto versará sobre el proceso de creación literaria. Ej.: dónde se inspiran; la manera que tienen de escribir; por qué cultivan un género y no otro; si pertenecen a una determinada corriente literaria o se consideran «espíritus libres»; cuáles son los principales temas sobre los que escribe; cuáles son algunos de sus rasgos estilísticos más característicos, etc.
- Los escritores tienen que pensar en las posibles respuestas a partir del tema que se debatirá en la mesa redonda.
- Se deja un tiempo, tanto a escritores como al moderador, para prepararse y se abre la mesa redonda, teniendo en cuenta que deben respetar los turnos de palabra.
- Se graban las intervenciones.
- Después, se escucha la grabación y se analizan las intervenciones con el profesor.

TAREA INDIVIDUAL

Presentación sobre un escritor/a novel de habla hispana.
- Elige a un/a escritor/a novel de habla hispana.
- Busca información sobre su biografía, selecciona lo más importante y redacta un texto sobre su carrera como escritor con tus propias palabras.
- Busca alguna anécdota que le haya sucedido, explica si pertenece a alguna corriente literaria en concreto y explica cuáles son sus influencias principales como escritor/a.
- Haz una presentación tratando de que sea lo más natural posible.
- Puedes grabarte, pero no leas el texto y prepara unas anotaciones para ayudarte a recordar la información. Mira hacia la cámara y no mires constantemente al papel.

Tema 8

INTRODUCCIÓN AL TEMA (pp. 88-89)

Estímulo visual

En unos dos minutos se les puede pedir a los alumnos que observen la imagen y que piensen en un par de ideas de manera individual sobre qué es lo que les sugiere. En este caso, se ve a una mujer corriendo y saltando en la playa. Normalmente el salto es un gesto unido a la expresión de alegría que, en este caso, va acompañada de la sonrisa de la mujer y de su mirada hacia un cielo totalmente despejado. En una de sus manos lleva un largo pañuelo amarillo que está suspendido en el aire y que puede representar la libertad y, más en concreto, al tratar el tema sobre salud, belleza y nutrición, la sensación de bienestar con el cuerpo y con uno mismo.

El profesor, además, puede enlazar la imagen con el título de la unidad y preguntar a los estudiantes qué tipo de estilo de vida creen que lleva esta mujer y por qué, y si creen que existe una relación entre alimentación, llevar una vida saludable y la felicidad. Después, los alumnos pueden trabajar en parejas y elegir entre los tres significados propuestos para averiguar qué significa la expresión idiomática *curarse en salud*.

→ Puesta en común sobre las diferentes opiniones con el resto de la clase.

Soluciones: **B.** Tomar precauciones: la expresión idiomática *curarse en salud* se utiliza para advertir que, ante una situación, es mejor tomar precauciones, por si acaso, y evitar con ello un daño o perjuicio posterior.

Cuestiones previas

En parejas o pequeños grupos, se les pide a los alumnos que lean y que intenten dar su opinión sobre las cuestiones previas que se plantean. Las preguntas se pueden responder de diferentes maneras, pero es conveniente que en este capítulo los estudiantes reflexionen sobre la relación que existe entre los hábitos alimenticios y la salud.

→ Puesta en común sobre las diferentes opiniones con el resto de la clase.

Comenta las siguientes afirmaciones

El profesor o los alumnos van leyendo en voz alta las afirmaciones que pertenecen a la entrevista que aparece a continuación, a fin de invitar al debate sobre el tema y para que, tras la lectura de la afirmación, comenten su punto de vista sobre cada una de ellas. Lo importante es que practiquen oralmente ante el estímulo de las frases y fomentar así la interacción desde el primer momento con vistas a que sea una dinámica constante durante toda la unidad. En las afirmaciones se hace referencia a diferentes consejos relacionados con la nutrición, por lo que los alumnos pueden añadir algún truco o hábito alimenticio que les funcione.

Curarse en salud

EN PORTADA (pp. 90-91)

Biografía

Se puede pedir a los alumnos que observen la foto de la chef Narda Lepes. ¿Qué tipo de platos pensáis que suele elaborar? ¿Por qué? Después, en parejas o pequeños grupos, tienen que completar la biografía con las palabras que faltan.
→ Puesta en común sobre las diferentes opiniones con el resto de la clase.
Tras la puesta en común, puede resultar útil preguntar a los alumnos si hay algo de la biografía de la persona que les haya llamado la atención. Puede que les sorprenda la mezcla de cocinas internacionales tan diferentes, la combinación de comida y de música, o su interés por la alimentación infantil. Mediante esta reflexión en conjunto se consigue conocer un poco mejor a la persona entrevistada, antes de leer la entrevista, además de captar la atención y de suscitar el interés en el alumno sobre los contenidos que se van a desarrollar a continuación.

Soluciones: 1. dedicarse; **2.** televisivo; **3.** fusión; **4.** propio; **5.** además; **6.** música; **7.** serie; **8.** culinarios; **9.** región; **10.** en particular; **11.** preparación; **12.** saludables.

Dosier de gramática

Se recomienda integrar aquí el componente gramatical con los ejercicios 3., 4., 5. y 6. del Dosier de gramática (pp. 158-161), en los que se trabaja el uso de los pronombres, en particular el uso de *se*. De este modo, los alumnos podrán utilizarlos correctamente a la hora de hablar acerca de la cocinera Narda Lepes o contestar a las preguntas de ampliación (p. 91).

La entrevista
Actividad 1. a. y b.

Los alumnos, en parejas o pequeños grupos, completan el texto de la entrevista a Narda Lepes con los fragmentos que faltan. Así se fomenta la comprensión lectora.
Soluciones: f. Quizás por eso llame más la atención verla excitarse frente a unos dulces secos en un mercado de Londres o sonreír en una librería gastronómica de Río de Janeiro; **a.** Los fines de semana comía jamón, chancho y esas cosas, y los días de semana compensaba. Ahora, tanto mamá como papá, se nivelaron un poco; **b.** Por ejemplo, la pastelera que trabaja conmigo, es mucho mejor que yo haciendo tortas. Tienes que tener alma de pastelera, yo no la tengo. Yo le sumo a lo salado. Leo (su asistente), por ejemplo, es mucho más técnico, corta todo chiquitito, prolijito…; **g.** Yo lo que hago es sacar cosas de cada cocina que probé. A mí me interesa,

sobre todo, que la gente cocine y que lo haga con lo que está fresco, barato y rico; **d.** De entrada, creo que hay que «ampliar el paladar», lo fácil, lo que lleva mucha azúcar o grasa, ya sabemos que suele tener aceptación, así que está bueno intentar no ir a lo fácil. Para todo eso, siempre hay tiempo…; **e.** Yo a mi bebé le acerco desde hierba de limón hasta zanahorias para que chupe. Total, entre que chupe el buzo o un muñeco, prefiero fomentarle los sabores; **c.** Sí, por ejemplo, hicimos cochinita pibil (un plato de la cocina yucateca), que tarda cuatro horas. Marchamos dos y una la comimos para el almuerzo. O ayer había un shawarma, que había que probarlo para ver cuánto tardaba, y almorzamos lo que probamos.

→ En el apartado **Ahora tú** se incluyen preguntas para fomentar la interacción oral a partir de algunos temas de la entrevista. Es recomendable incidir sobre la importancia de usar el vocabulario que ha aparecido sobre la materia, como por ejemplo las expresiones de la entrevista. Estas pautas serán útiles también con vistas al debate final que se plantea en la sección Cierre de cada uno de los capítulos.

MÁS PALABRAS (pp. 92-93)

Actividad 1.

En esta primera actividad de la sección Más palabras se trabajan algunas colocaciones léxicas que unen verbos con sustantivos del campo léxico de la alimentación. Aunque ya se han practicado las colocaciones en otros temas, conviene recordar a los alumnos que con ellas se precisa y se concreta el significado y, como ocurre con el lenguaje idiomático, muestran un mayor dominio del idioma. Por ejemplo, se puede decir *arreglar la ensalada* con un verbo cuyo significado abarca otros contextos, como por ejemplo *arreglar un aparato*, o *aliñar la ensalada*, en cuyo caso el significado del verbo *aliñar* está restringido al ámbito de la alimentación y concreta el significado del sustantivo *ensalada*. Es importante, por lo tanto, que en los ejemplos que aparecen se fijen en la combinación de verbo + sustantivo y que, además, se fijen en el contexto que se proporciona para comprender el significado de la colocación.

Antes de empezar con este ejercicio, es aconsejable explicar qué diferentes combinaciones de verbo + sustantivo son posibles, aunque para que el ejercicio se resuelva completamente, cada verbo tendrá que asociarse con uno solo de los sustantivos propuestos.

Soluciones: 1. k. rebozar: con harina y huevo batido; **2. d.** hervir: en agua bien caliente; **3. j.** gratinar: en el horno; **4. g.** sazonar: con sal, pimienta y otras especias; **5. h.** rallar: el queso o una zanahoria; **6. a.** aliñar o aderezar: la ensalada con aceite y vinagre; **7. l.** freír: con aceite en la sartén; **8. b.** endulzar: un postre al gusto de la persona; **9. c.** picar: en trozos muy pequeños; **10. f.** cocer: al vapor; **11. e.** escurrir: la pasta una vez cocida; **12. i.** asar: carne a la parrilla.

Actividad 2.

En esta segunda actividad de la sección se siguen trabajando colocaciones léxicas que unen sustantivos del campo léxico de la alimentación y que les ayudarán a expresar de manera más precisa las cantidades y medidas de diferentes tipos de alimentos.

Soluciones: 1. b. una pizca de: sal; **2. i.** un gajo de: naranja, mandarina; **3. g.** una onza, una tableta de: chocolate; **4. k.** una loncha de: jamón, chorizo; **5. e.** un chorro, unas gotas de: aceite, vinagre; **6. a.** un filete de: carne, pescado; **7. f.** una rebanada de: pan; **8. h.** un racimo de: uvas; **9. j.** un grano de: maíz, café; **10. d.** un diente de: ajo; **11. l.** una cucharada de: azúcar, café; **12. c.** una rama (ramita), hoja (hojita) de: apio, laurel, perejil, tomillo o canela.

> **Dosier de gramática**
> Se recomienda integrar aquí el componente gramatical con el ejercicio 2. del Dosier de gramática (pp. 157-158), en el que se trabajan las oraciones temporales para expresar relaciones temporales entre acciones a partir de unas indicaciones de cómo preparar correctamente la pasta. Este contenido gramatical será útil para llevar a cabo la actividad de la sección **Ahora tú** (p. 92).

→ En el apartado **Ahora tú** se incluye una actividad de ampliación en la que el alumno tendrá que poner en práctica el vocabulario aprendido en las dos primeras actividades, a fin de compartir con la clase un truco de cocina o una receta rápida que conoce. Es importante recordar a la clase que siempre se han de apoyar en el vocabulario que se acaba de aprender.

Actividad 3.

En esta actividad se trabajan expresiones idiomáticas relacionadas con la comida. Se puede explicar que los hablantes nativos a menudo hacen uso del lenguaje idiomático, porque ayuda a concretar o a matizar el significado de lo que se desea expresar. También se puede abordar, en relación con el lenguaje idiomático, la noción de *registro*, ya que las expresiones que aparecen se utilizan más en la lengua oral. Es importante que, antes de empezar la actividad, el profesor explique a la clase que tienen que completar las frases del ejercicio con la forma correcta de la expresión idiomática correspondiente y que, por lo tanto, presten atención al tiempo verbal o las concordancias de género y número. Tal como se ha hecho en otros capítulos, el profesor puede analizar la lógica de algunas de estas expresiones para que se entiendan y se recuerden con mayor facilidad. Por ejemplo, *estar fresco como una lechuga* (hace referencia a que la lechuga necesita mucha agua y tiene un color verde y saludable); *ponerse como una sopa* (describe a alguien que le ha pillado un chaparrón y es como si, literalmente, le hubieran tirado una olla de sopa encima de la cabeza), etc.

Soluciones: 1. he descansado de maravilla y *estoy fresco como una lechuga*, listo para el examen y el partido de esta tarde; **2.** ¡Pobre Luisa! Esta mañana se le olvidó el paraguas y, como llovía tanto, *se puso como una sopa*; **3.** Lo conocí la semana pasada y no para de llamarme y de enviarme mensajes para salir, estoy tan agobiada que he decidido *darle calabazas*. **4;** Aunque hay varias personas trabajando en este proyecto, Susana es quien *corta el bacalao*; **5.** Estoy muy decepcionada contigo y *no me importa un rábano/pimiento/pepino* lo que digas o hagas. No pienso tolerar más este comportamiento; **6.** No pasa un día sin que Marcos se meta en un lío. Menos mal que siempre está Juan para ayudarle y *sacarle las castañas del fuego*; **7.** Alberto piensa que el examen va a *ser pan comido*, pero yo no estoy tan segura. Esa profesora es muy estricta a la hora de corregir; **8.** Tendrías que haber visto la cara de su madre cuando llegó a casa… La mujer ya *estaba de mala leche* porque no había sabido nada de él durante toda la noche y, al verle, se enfadó aún más.

→ En el apartado **Ahora tú** el alumno tiene la oportunidad de poner en práctica las expresiones idiomáticas que acaban de aprender, utilizarlas en un contexto comunicativo real y relacionarlas con una situación familiar.

DESTACADO (pp. 94-95)

Actividad 1.
Esta actividad de transición incluye una serie de opiniones y consejos relacionados con el tema de la salud y la alimentación, a fin de que los estudiantes reflexionen acerca de cómo estos dos factores influyen el uno en el otro y expresen su opinión al respecto. Los comentarios que se han incluido representan diferentes puntos de vista.

Actividad 2.
En esta actividad ya se trabajan diferentes adjetivos que se utilizan para hablar sobre determinados temas relacionados con la salud. Es importante que, además de saber enlazar el sustantivo con los diferentes adjetivos, los estudiantes entiendan bien el significado de cada uno de los adjetivos, por ejemplo, en el caso de *dolor abdominal*, tienen que saber que el adjetivo está relacionado con el *abdomen*, que es

el término médico para el *vientre*. Se puede insistir en la importancia de conocer estos términos para saber comunicarse de manera eficaz sobre alguna dolencia, ya que forman parte de la jerga médica.
Soluciones: 1. c. dolor: agudo, crónico, punzante, abdominal, intestinal, lumbar; **2. b.** médico: de cabecera, de familia, especialista, privado; **3. f.** tos: seca, convulsiva, asmática; **4. g.** medicina: general, alternativa, natural, tradicional, preventiva, deportiva; **5. a.** traumatismo: craneoencefálico, torácico, abdominal; **6. i.** trastorno: digestivo, respiratorio, nervioso; **7. d.** pronóstico: leve, reservado, grave; **8. h.** salud: débil, delicada, frágil; **9. j.** síntoma: claro, evidente, alarmante, inequívoco, visible; **10. e.** vía: oral, intravenosa, intramuscular.

Actividad 3.
En esta actividad los estudiantes tienen que completar un texto con las características típicas del prospecto de un medicamento. Se recomienda indicar que se debe prestar atención también a los nombres de las diferentes secciones del prospecto, ya que pueden contribuir al desarrollo de la actividad.
Soluciones: Composición: **(1)** las sustancias, **(2)** los principios activos, **(3)** los jarabes, **(4)** los síntomas; Posología: **(5)** la dosis, **(6)** la edad; Contraindicaciones: **(7)** los casos, **(8)** una alergia; Efectos secundarios: **(9)** el organismo, **(10)** la prevención, **(11)** efectos secundarios, **(12)** un especialista; Interacciones: **(13)** la administración, **(14)** el farmacéutico; Forma de conservación: **(15)** la temperatura, **(16)** las medidas; Caducidad: **(17)** las propiedades.

ESPECIAL MUNDO HISPANO (pp. 96-97)

Actividad 1. a.
En esta actividad se trata de que los estudiantes relacionen las fichas de cada uno de los personajes con el texto correspondiente. Conviene que el profesor se informe primero de los diferentes profesionales de la salud del mundo hispano que se mencionan, a fin de poder proporcionar más contexto a los alumnos.
→ Puesta en común con el resto de la clase.
Soluciones: a. 1. c.; 2. d.; 3. f.; 4. a.; 5. b.; 6. e.

Actividad 1. b.
La segunda parte de esta actividad requiere que cada estudiante trabaje de forma individual para preparar una breve exposición sobre un investigador del mundo hispano que haya trabajado en el ámbito de la salud o de la alimentación. La actividad se puede llevar a cabo en forma de presentación o de lectura en voz alta.

CIERRE (pp. 98-99)

Actividad 1. a.

Esta actividad sirve para que los alumnos pongan en práctica lo que han aprendido acerca de la salud y la alimentación, y reflexionen de manera crítica acerca de las ventajas y desventajas de diferentes tipos de dietas, en particular, sobre las dietas Dukan y disociada, en relación con situaciones y estilos de vida concretos.

Antes de leer los textos se les pregunta a los alumnos si conocen los nombres de estas dietas para activar un poco sus conocimientos previos.

Se incluye a continuación el texto de una tercera dieta, la Weight Watchers, por si fuera necesario ampliar la selección de textos debido al alto número de estudiantes en la clase.

> **DIETA WEIGHT WATCHERS**
>
> Creada en 1963 en Estados Unidos, la dieta Weight Watchers ha conseguido millones de adeptos en todo el mundo gracias a la combinación de un programa alimenticio con la actividad física y el asesoramiento pedagógico en reuniones en grupo. A cada persona se le atribuye un capital de puntos calculado en función de la edad, el sexo, la altura, el peso y la actividad física diaria. Estos puntos corresponden a las necesidades energéticas adaptadas a cada uno para perder peso. Todo lo que se ingiere o se bebe se valora en función de los índices de lípidos y de las calorías, lo cual permite ir perdiendo peso de manera progresiva. Nada está prohibido como parte de la dieta, pero al ponerla en práctica se reducen los aportes de lípidos. Es necesario adherirse al espíritu de grupo y aceptar el seguimiento y, por lo tanto, es un método menos personalizado que otros. También se recomienda comprar determinados alimentos o productos de su marca, lo cual puede resultar bastante costoso a largo plazo.

→ Puesta en común con el resto de la clase.

→ En el apartado **Ahora tú** se incluyen preguntas de ampliación para que los estudiantes trabajen en pequeños grupos y compartan sus experiencias y opiniones a partir de los temas propuestos. Es importante recordar a los estudiantes que, para llevar a cabo esta actividad, se apoyen en el vocabulario que ha aparecido sobre el tema.

Actividad 1. b.

Para el desarrollo de esta actividad cada estudiante trabajará de forma autónoma con el fin de documentarse y preparar una breve exposición acerca de una dieta concreta. La actividad se puede llevar a cabo en forma de presentación oral o como lectura en voz alta. Además, los estudiantes trabajan la expresión escrita a la hora de elaborar un artículo como paso previo a lo oral, para lo cual se incluye un cuadro de estrategias de referencia.

> ### Dosier de gramática
> Se recomienda integrar aquí el componente gramatical con el ejercicio 1. del Dosier de gramática (pp. 156-157), en el que se trabaja el uso del indicativo y del subjuntivo para dar consejos relacionados, precisamente, con aquellos alimentos que son saludables y recomendables para nuestra dieta. De este modo, se revisan las estructuras gramaticales necesarias para llevar a cabo la actividad 1. c. Una vez que hayan hecho el ejercicio, pueden hacer una puesta en común para ver cuáles de estos consejos conocen, cuáles no y si creen que vale la pena ponerlos en práctica.

Actividad 1. c.
Esta actividad cierra esta sección dedicada a las dietas y la salud. Los estudiantes trabajan en parejas y elaboran una dieta personalizada para alguien con necesidades específicas. Es importante hacer una lluvia de ideas para que los alumnos piensen en diferentes necesidades alimentarias que una dieta podría respetar. Algunas ideas son: una dieta baja en grasas, rica en fibras, para ganar masa muscular, para perder peso, para purificar el organismo; para recobrar energía después de una enfermedad.
→ Puesta en común y lectura en voz alta delante del resto de la clase.

Actividad 2.
Para introducir el tema de la conferencia objeto de esta actividad, el profesor pedirá a los estudiantes que reflexionen sobre posibles significados, situaciones o palabras clave vinculadas con la frase del filósofo y ensayista Ortega y Gasset. Esta actividad sirve también para ayudar a los estudiantes a pensar en posibles temas que se pueden considerar para la elaboración de sus conferencias.
A continuación, cada alumno trabajará de forma individual para preparar su conferencia ayudándose de las preguntas y siguiendo las estrategias de expresión oral (conectores) (p. 99). A este propósito, es importante que el profesor lea en voz alta y explique con ejemplos el significado y el uso de todos los conectores.

> ### Dosier de gramática
> Se recomienda integrar aquí el componente gramatical con el ejercicio 7. del Dosier de gramática (p. 161) sobre el uso de los tiempos y modos verbales, y en el que se trata el mismo tema que en el debate: los alimentos transgénicos: ¿saludables o perjudiciales? En el texto, los alumnos encontrarán ideas que les ayudarán a investigar algún aspecto más sobre la materia.

¡A debate!
Se recomienda hacer una lectura en voz alta de los recursos comunicativos (p. 99) para que los alumnos se familiaricen con ellos. A la vez que se hace esta dinámica es importante que el profesor haga matizaciones, ya sean gramaticales, por ejemplo si la estructura se utiliza con el modo indicativo o con el subjuntivo, o de registro, si pertenecen al registro culto, *lo que dices no resulta coherente*, o más bien informal o directo: *¡anda ya!*

Dosier de gramática. Soluciones
Curarse en salud (pp. 156–161)

Usos del indicativo/subjuntivo: dar consejos

1. 1. tomaras o tomases; **2.** espolvorearas o espolvoreases; **3.** incluyas; **4.** prepararas o preparases, complementaras o complementases; **5.** tomaría; **6.** diluyeras, humedecieras, pusieras; **7.** incluyas; **8.** aconsejo o aconsejaría, combate, dejan; **9.** te olvidaras o te olvidases; **10.** tendrías o tienes, aconsejo o aconsejaría; comas/comieras o comieses; **11.** utilizaras o utilizases; **12.** hicieras o hicieses, mojaras o mojases, limpiaras o limpiases; **13.** completaras o completases, compraras o comprases; **14.** cocines, condimentes; **15.** tuvieras o tuvieses.

2. 1. Cuando estés a punto de cocer la pasta…/vayas a cocer la pasta; **2.** Siempre que cocines pasta…; **3.** Al mismo tiempo que pones el agua en la cacerola…; **4.** Después de que hayas puesto la sal…; **5.** Una vez que el agua comience a hervir…; **6.** Antes de añadir la pasta…; **7.** Tan pronto como eches la pasta…; **8.** En cuanto la pasta esté cocida al punto deseado…; **9.** Mientras está la pasta en el escurridor…; **10.** No cocines la pasta hasta que no puedas comerla…; **11.** Antes de que guardes la pasta cocida…

3. 1. d.; **2.** c.; **3.** a.; **4.** b.; **5.** f.; **6.** e.

4. 1. Miguel *se la* regaló por su cumpleaños; **2.** El famoso cocinero Karlos Arguiñano *se lo* preparó; **3.** Maribel *se las* ha dado por enésima vez; **4.** ¿*Se la* has preparado? Son las 5 y seguro que ya tiene hambre; **5.** Si *se la* hubieras añadido, habrías conseguido que tuvieran mejor sabor; **6.** El mes pasado tuvo una caída y, cuando le vieron los médicos, *se lo* diagnosticaron y toda la familia está muy preocupada; **7.** *Se los* llevó para que le dijera si todo estaba bien; **8.** ¡No te olvides de dár*selo*! Dá*selas* antes y después de cada comida; **9.** Necesito urgentemente consultár*selos*; **10.** El médico *se lo* dio y le dijo que enseguida *se la* daría.

5. 1. te has acordado; **2.** acordó; **3.** me dormí; **4.** ha dormido; **5.** se encontró; **6.** encontró; **7.** fijó; **8.** fíjate; **9.** iré; **10.** me voy; **11.** limitarse a; **12.** limite; **13.** se llama; **14.** llama; **15.** negó; **16.** te negaras a; **17.** nos parece; **18.** te pareces a; **19.** se vuelva; **20.** volvió.

6. **1.** Incorrecto: le (caso de laísmo); **2.** incorrecto: le (caso de loísmo); **3.** incorrecto: lo (caso de leísmo); **4.** correcto; **5.** incorrecto: le (caso de laísmo); **6.** incorrecto: los (caso de leísmo); **7.** correcto; **8.** correcto; **9.** correcto; **10.** correcto; incorrecto: le (caso de laísmo); **11.** correcto; **12.** incorrecto: lo (caso de leísmo); **13.** correcto; **14.** incorrecto: le (caso de loísmo); **15.** correcto.

7. **1.** emitiera o emitiese; **2.** se hizo; **3.** acordaron; **4.** fue; **5.** retiró; **6.** fueran o fuesen; **7.** habían asumido; **8.** implica; **9.** desee; **10.** confrontará; **11.** pueden/podrán; **12.** reconoce; **13.** ofertan; **14.** elaborará; **15.** servirá; **16.** se produce/se ha producido; **17.** son; **18.** ha proclamado; **19.** han superado/superan; **20.** implica/ha implicado; **21.** provocó/ha provocado; **22.** aprobó/ha aprobado; **23.** sean; **24.** pueden/podrían; **25.** desaparezcan/desaparecieran; **26.** se han celebrado; **27.** es; **28.** se transfiere; **29.** alegan; **30.** son; **31.** puede/podría; **32.** sean; **33.** permitirá; **34.** comen; **35.** se decidan.

FOTOCOPIABLE

TAREA FINAL

Se incluye aquí una tarea opcional para profundizar sobre el tema de la unidad y fomentar el trabajo en equipo y el desarrollo individual de la producción oral. Se anima a que el alumno produzca textos auténticos sobre un determinado tema y que haga uso de las nuevas tecnologías como herramienta para el aprendizaje de la lengua.

Se recomienda que el profesor se familiarice con las instrucciones que se incluyen a continuación y que busque en Internet algunos ejemplos de pósteres.

Además, es fundamental que los estudiantes presenten sus trabajos en un contexto similar al de una pequeña conferencia.

TAREA EN GRUPO

Instrucciones para realizar un póster.

1. **El póster tiene que incluir:**
   - Título. Hay que utilizar un tamaño y una tipogragía de letra que se vea bien.
   - Nombre del autor principal.
   - Texto, ilustraciones, gráficos y tablas.

2. **El cuerpo del póster:**
   - Cada sección de texto, ilustración y tabla debe tener un título breve.
   - Los diagramas, tablas, dibujos y elementos similares deben ser claros y concisos, sin detalles innecesarios.
   - Es importante distribuir bien el espacio.

3. **El componente textual:**
   - Introducción: presentar el problema, el enfoque adoptado y los objetivos.
   - Método: explicar los aspectos más relevantes de la metodología utilizada para recoger datos o analizarlos.
   - Resultados: presentar un resumen de los resultados encontrados.
   - Discusión: exponer las conclusiones más relevantes o plantear ulteriores preguntas.
   - Referencias: seleccionar las principales referencias.

TAREA INDIVIDUAL
Crear un póster para una conferencia sobre salud y nutrición.
- Elige un tema relacionado con la salud sobre el que te apetezca saber más.
- Documéntate: busca artículos, lee blogs, recoge opiniones, etc. Recuerda que tienes que ser el experto de la clase en ese campo.
- Consulta las «Instrucciones para realizar un póster» que te habrá entregado tu profesor y asegúrate de que entiendes bien de qué se trata. Busca en Internet algunos ejemplos para familiarizarte con este tipo de textos.
- Crea tu póster utilizando PowerPoint o un programa similar. Asegúrate de que no contiene erratas.
- Presenta tu póster. Ten en cuenta las estrategias que han aparecido en el capítulo.

Tema 9

INTRODUCCIÓN AL TEMA (pp. 100-101)

Estímulo visual

Se pide a los alumnos que observen la imagen y que piensen brevemente en un par de ideas de manera individual a partir de lo que les sugiere la foto. En este caso, nos encontramos con una mano llena de monedas y una planta que parece *crecer* de ellas. He aquí algunas ideas que se pueden relacionar con la imagen: la de posesión de un bien material (por la mano y por su valor simbolizado con el dinero), el dinero y la riqueza (por las monedas) y el crecimiento de algo (la planta). El color verde de la planta también se asocia al del dinero. Preguntamos a los estudiantes que relacionen la imagen con el título del tema *Tanto tienes, tanto vales* y les indicamos que es un refrán relacionado con la economía, tema de ese capítulo. ¿Están de acuerdo con esa frase? ¿Por qué?

→ Puesta en común sobre las diferentes opiniones con el resto de la clase.

Soluciones: **A.** Es más importante si tiene más dinero.

Cuestiones previas

En parejas o en pequeños grupos, se les pide a los alumnos que vayan leyendo cada una de las cuestiones propuestas y que intenten dar su opinión sobre ellas. Aquí se plantea cuál es la importancia que se le da al dinero en la actualidad en relación con los últimos años, en los que hemos sido testigos de una crisis económica a escala global. Por esta razón, ha sido necesario buscar otras alternativas tanto de inversión como de ahorro, ya que las tradicionales apuestas que solían ser más o menos seguras, como comprar una vivienda o tener un depósito en un banco, han resultado no ser ya válidas porque también se han visto expuestas a numerosos riesgos.

→ Puesta en común sobre las diferentes opiniones con el resto de la clase.

Si se considera oportuno, para la última cuestión ¿*Qué es lo más importante para ti: la salud, el dinero, el amor o el trabajo?* puede poner a los alumnos la canción del grupo hispano-argentino Los Rodríguez, *Salud, dinero y amor* (*Sin documentos*, 1993) y extenderse más en la prioridad que tienen para ellos estos valores.

Comenta las siguientes afirmaciones

Ahora el profesor o los alumnos van leyendo en voz alta las afirmaciones que proceden de la entrevista, a fin de invitar al debate sobre el tema del capítulo y que cada uno comente su punto de vista. Lo importante es la práctica oral ante el estímulo de las frases y fomentar la interacción desde el primer momento con vistas a que sea una dinámica constante durante toda la unidad y que sirva para desenvolverse mejor en el debate final. Como este es un tema de actualidad, seguro que los estudiantes

Tanto tienes, tanto vales

tienen opiniones propias. Se les puede pedir que escriban una declaración que luego compartan con los demás. Ej.: *Hoy día es mejor tener el dinero en casa que en un banco.*

EN PORTADA (pp. 102-103)

Biografía

Primero, se les puede preguntar a los estudiantes si conocen a la empresaria ecuatoriana Mónica Hernández de Phillips que aparece en la fotografía junto a una niña. ¿Les parece por la fotografía que tiene el aspecto de una mujer empresaria? Probablemente no hayan oído hablar de ella, por eso les pedimos que lean su biografía y les preguntamos si conocen a otras personas que hayan realizado actividades similares a las de esta empresaria. Después, entre todos se reflexiona sobre los aspectos que han podido provocar en nuestra protagonista el hecho de hacerse empresaria. ¿Ven en la vida de Mónica Hernández alguna contradicción? ¿Parece lógico el camino que ha seguido para estar ahora donde está? ¿Les llama la atención el hecho de que sea una mujer la que ocupe este cargo, ya que el mundo de la empresa ha estado compuesto tradicionalmente solo por hombres? ¿Está cambiando esta tendencia? ¿Conocen algunos ejemplos en concreto?
→ Puesta en común sobre las diferentes opiniones con el resto de la clase.

La entrevista
Actividad 1. a.

En primer lugar, los estudiantes se fijan en algunas de las expresiones que aparecerán posteriormente en la entrevista. Se trabaja este vocabulario y, una vez que comprobamos que se ha comprendido, los alumnos tratan de colocarlo en las respuestas que ha dado Mónica Hernández de Phillips. Después, leen las preguntas (p. 103) que faltan en la entrevista para, según el sentido de las respuestas, tratar de relacionarlas correctamente. Se trabaja la comprensión lectora a la hora de intentar comprender el sentido del texto a partir de las palabras que no están.

Actividad 1. b.

Soluciones: Expresiones: 1. capitalismo salvaje (se beneficia a las empresas más poderosas siendo las más pequeñas más discriminadas, de ahí la etiqueta de *salvaje*); **2.** soluciones financieras (posibilidades que se dan cuando se necesita dinero, por ejemplo, reunificar créditos para pagar menos, conseguir financiación, refinanciar deudas, etc.); **3.** regulaciones bancarias (con ellas se establece la posición de los bancos en la estructura financiera de la nación. Se hacen para conseguir estabilidad monetaria y un sistema financiero eficiente y competitivo); **4.** naturales y jurídicas (como persona natural se entiende que es aquella que ejerce derechos y cumple funciones a título personal y persona jurídica es la empresa que ejerce derechos y cumple obligaciones a nombre de esta, es decir, es la empresa y no el dueño de ella quien se implica en las deudas u obligaciones que puedan contraerse); **5.** escasos recursos (bienes y factores de producción que se encuentran en cantidades inferiores a la demanda); **6.** conciencia social (conocimiento que una persona tiene sobre el estado de los demás integrantes de su comunidad); **7.** prioridades institucionales (proyectos de mejora o de reformulación de distintos aspectos de una institución); **8.** clientes microempresarios (empresas de menos de diez empleados y con una facturación anual inferior a 500 000 €); **9.** tipos de crédito (distintas formas de prestar el dinero que tienen los bancos); **10.** largo plazo (tiempo que se tiene para pagar una deuda contraída, si es largo plazo, suele ser de más de 5 años); **11.** satisfacción del cliente (el nivel del estado de ánimo de una persona que resulta de comparar el rendimiento percibido de un producto o servicio con sus expectativas, es decir, es un objetivo o requisito imprescindible para que una empresa tenga éxito); **12.** capital corriente (el que asegura el pago a proveedores y acreedores al ir convirtiendo en efectivo los saldos de clientes y existencias).

Preguntas: 1. a.; 2. b.; 3. d.; 4. f.; 5. c.; 6. e.

→ En el apartado **Ahora tú** se proporcionan preguntas de ampliación. Los alumnos, en parejas o en pequeños grupos, reflexionan sobre las preguntas que se plantean. Es importante insistir para que el alumno se apoye en el vocabulario que vaya apareciendo sobre el tema, como por ejemplo las expresiones o términos relevantes relacionados con las ideas que aparezcan en la entrevista, lo que será útil con vistas al debate final de cada uno de los capítulos.

Actividad de ampliación

A raíz de la última pregunta planteada en **Ahora tú** puede formularse esta otra cuestión: ¿Has participado alguna vez en algún tipo de asociación benéfica? Se puede hablar de las ONG (organizaciones no gubernamentales), mencionadas ya en la biografía de Mónica Hernández, y preguntarles si saben lo que son, si conocen alguna, en cuál les gustaría participar y por qué.

MÁS PALABRAS (pp. 104-105)

Actividad 1. a.

En la primera parte de esta actividad, el alumno tiene que relacionar los términos económicos que se dan con sus definiciones. Puede hacerse en parejas.
Soluciones: 1. b.; 2. e.; 3. d.; 4. j.; 5. a.; 6. c.; 7. h.; 8. f.; 9. i.; 10. g.

Actividad 1. b.

El estudiante comprueba cómo las palabras anteriores se emplean también en un ámbito cotidiano. Trabajamos con ellos la polisemia, palabras con varios significados.

Soluciones: A continuación, se ofrecen algunas definiciones según el *Diccionario de la Real Academia Española*: **1.** Acción: resultado de hacer algo; **2.** Hacienda: finca agrícola. Conjunto de bienes que una persona tiene; **3.** Crédito: reputación, fama, autoridad. Valor que tiene una asignatura o curso según el número de horas de dedicación; **4.** Bolsa: objeto para guardar cosas; **5.** Interés: inclinación del ánimo hacia un objeto, una persona, algo que se cuenta, etc.; **6.** Banco: lugar para poder sentarse en un parque, en la calle; **7.** Ingreso: acto de ser admitido en una corporación o de empezar a gozar de un empleo u otra cosa; **8.** Cuenta: cálculo u operación aritmética; **9.** Pensión: lugar donde puede alojarse una persona que está de viaje, de vacaciones, etc.; **10.** Sociedad: agrupación de familias, pueblos o naciones.

Actividad 2. a.

En este ejercicio se sigue trabajando el léxico de ámbito económico a partir de unos verbos donde hay que buscar sus sinónimos y antónimos.

Soluciones:

verbo	sinónimo	antónimo
abonar	pagar	*adeudar*
avalar	respaldar	desproteger
producir	*generar*	consumir
traspasar	transferir	*retener*
incrementar	acrecentar	disminuir
declarar	manifestar	ocultar
tramitar	gestionar	*obstaculizar*
formalizar	cumplir	incumplir

Actividad 2. b.

Se practican las colocaciones léxicas, ya que tienen que relacionar ambas columnas para encontrar más vocabulario económico.

Soluciones: 1. i. Amortizar parte de los intereses de un préstamo; **2. d.** Retener parte del sueldo en la nómina para pagar impuestos; **3. g.** Aprobar la concesión de un préstamo hipotecario; **4. b.** Ocultar datos en la declaración de la renta; **5. a.** Gestionar el funcionamiento de una empresa; **6. e.** Ampliar la fecha o el plazo de devolución de un préstamo; **7. c.** Traspasar dinero de una cuenta a otra; **8. j.** Incrementar la rentabilidad de una inversión; **9. f.** Avalar al comprador de un inmueble; **10. h.** Abonar una cuota mensual en concepto de pago.

Actividad 3.

Se sigue trabajando el léxico relacionado con el ámbito económico y del dinero con expresiones idiomáticas. Los alumnos leen cada uno de los breves textos propuestos, donde aparece la expresión contextualizada en cursiva, y tratan de buscar su significado entre los que se proponen.
→ En el apartado **Ahora tú** se proporcionan preguntas con el empleo de estas expresiones para trabajar la expresión oral y poner en práctica el léxico que se acaba de aprender.
Soluciones: 1. e. Periodo de escasez; **2. a.** Tener que reducir los gastos por escasez de medios; **3. b.** Periodo de dificultades económicas a consecuencia de los gastos extraordinarios hechos durante las fiestas de Navidad; **4. c.** Ser o salir muy caro; **5. d.** Ser un tacaño; **6. f.** No tener dinero; **7. h.** Tener mucha suerte; **8. g.** Ser muy pródigo.

DESTACADO (pp. 106-107)

Actividad 1.

En esta actividad se presenta información sobre una empresa de juguetes cuya sede principal se ubica en Zaragoza (España). Se trata de que el alumno asocie cada uno de los párrafos con uno de los títulos que se dan. Después de la lectura del texto, preguntamos a los alumnos qué les ha parecido esta empresa, si conocen alguna igual o si la han visto en su país, qué ideas de las que se han mencionado les han atraído más y por qué.
Soluciones: 1. a. Definición de la empresa; **2. e.** Breve historia; **3. c.** Tipo de *marketing*; **4. f.** Tipo de productos; **5. d.** Objetivos de los productos; **6. b.** Otros proyectos de la empresa.

> **Dosier de gramática**
> Se recomienda que si se quiere seguir hablando de otras empresas, se haga el ejercicio 4. del Dosier de gramática (p.164), *Curiosidades sobre McDonalds*, donde además se trabaja el uso de las preposiciones. Los estudiantes pueden seguir la misma dinámica que en el ejercicio para buscar curiosidades sobre una empresa de algún país de habla hispana. Después las pueden explicar de forma oral al resto de la clase.

Actividad de ampliación

Si desea trabajar más la historia de la empresa Imaginarium puede proponer la siguiente actividad, en la que se ofrece al alumno un pequeño modelo donde se le pregunta, en primer lugar, por la información nueva que se destaca en este gráfico respecto a la información que ha aparecido en esta actividad 1. Se trata de ver que el texto destaca, sobre todo, cuestiones económicas de la historia de esta empresa. A continuación, en la parte 1. b. se propone hacer algo similar con una empresa del ámbito hispánico que conozca y, en este caso, propondrá esta actividad en parejas o pequeños grupos y se presentará en clase, incidiendo en la expresión oral y en la presentación gráfica.

Otra posibilidad es hacer el gráfico de manera individual. En ese caso, la elección de la empresa puede ser una del país de origen del alumno, de manera que sea una ocasión para conocer un poco más la cultura de los países que tenemos en el aula, si estamos en un contexto plurilingüe. Además, si se tiene un alumnado más interesado en la parte económica de la empresa, se plantea la actividad c., en la que se entrega al alumno el extracto del texto que corresponde al modelo económico que sigue la empresa Imaginarium. Los alumnos comentarán qué les parece.

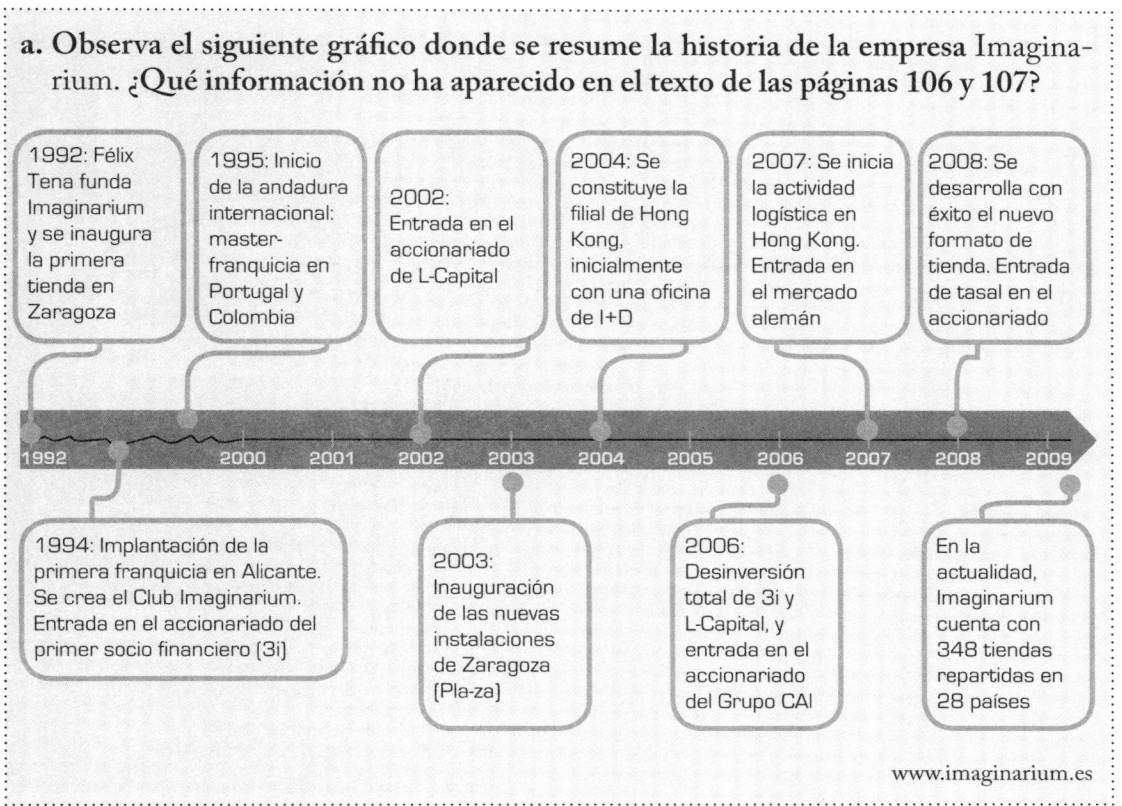

a. Observa el siguiente gráfico donde se resume la historia de la empresa Imaginarium. **¿Qué información no ha aparecido en el texto de las páginas 106 y 107?**

- 1992: Félix Tena funda Imaginarium y se inaugura la primera tienda en Zaragoza
- 1995: Inicio de la andadura internacional: masterfranquicia en Portugal y Colombia
- 2002: Entrada en el accionariado de L-Capital
- 2004: Se constituye la filial de Hong Kong, inicialmente con una oficina de I+D
- 2007: Se inicia la actividad logística en Hong Kong. Entrada en el mercado alemán
- 2008: Se desarrolla con éxito el nuevo formato de tienda. Entrada de tasal en el accionariado

- 1994: Implantación de la primera franquicia en Alicante. Se crea el Club Imaginarium. Entrada en el accionariado del primer socio financiero (3i)
- 2003: Inauguración de las nuevas instalaciones de Zaragoza (Pla-za)
- 2006: Desinversión total de 3i y L-Capital, y entrada en el accionariado del Grupo CAI
- En la actualidad, Imaginarium cuenta con 348 tiendas repartidas en 28 países

www.imaginarium.es

b. En parejas, escoged una empresa del ámbito hispánico y elaborad un gráfico similar al anterior para presentarlo ante los compañeros de clase.

c. Lee este fragmento del modelo económico que sigue la empresa Imaginarium y coméntalo entre tus compañeros. ¿Qué te parece? ¿Qué ventajas y desventajas puede tener este modelo?

Dentro del sector económico sigue el patrón del *retail* o venta al detalle, es decir, aquel que engloba a las empresas especializadas en la comercialización masiva de productos a grandes cantidades de clientes. Posee un modelo de negocio verticalmente integrado, en otras palabras, a excepción de la fabricación y del transporte, Imaginarium está involucrada en toda la cadena de valor del negocio: la investigación, el diseño y desarrollo del producto, la logística, la distribución. Para ello cuenta con dos centros neurálgicos, uno en Zaragoza y otro en Hong Kong.

Actividad 2.

Se introduce al alumno en las causas o razones que nos pueden llevar a invertir en esta empresa. La actividad es libre ya que, según el alumno, opinará una cosa u otra.

Actividad de ampliación

Si quiere ampliarse el ejercicio pueden añadirse más razones y, de esta manera, abrir las posibilidades para la inversión en esta empresa. También puede ser el alumno el que añada otras a las que se ofrecen.

Por ser un modelo de éxito testado en múltiples mercados. Imaginarium siempre testa las mejoras en las tiendas existentes de acuerdo a la más avanzada tecnología.

Por su rentabilidad. La experiencia y el saber hacer de la marca posibilitan una reducción de los riesgos y un retorno de la inversión en 3 años de media, ofreciendo una rentabilidad entre el 10 y el 15 %.

Por su reputación de marca. Proporciona una marca fuerte y una gran diferenciación tanto en el concepto como en sus productos, además de asegurar la clientela desde el inicio de la actividad.

Por tener productos exclusivos de calidad. Ofrece productos para el juego y la educación infantil con una imagen exclusiva, impactante, reconocible y de la mayor calidad.

> **Dosier de gramática**
> Dado que en este apartado se trabaja la expresión de la causa es buen momento para realizar los ejercicios 1., 2. y 3. (pp. 162-163) del Dosier de gramática, en los que se observan las diferencias entre los valores de las preposiciones *por* y *para*.

Actividad 3.

Se incorporan en esta unidad una serie de refranes relacionados con el dinero. Se trata de que los estudiantes unan ambas partes para conformar el refrán. Les puede ayudar la idea de que algunos riman entre ellos. Además, se señala al estudiante la importancia de su uso a la hora de argumentar ante los demás y el hecho de que muchos tienen la función de aconsejar en determinadas situaciones.

Soluciones: 1. b. *La avaricia rompe el saco*: alude a aquellas personas que quieren tenerlo todo y que al final pueden quedarse sin nada a causa de este deseo; **2. e.** *No es oro todo lo que reluce*: su explicación puede darse con otro refrán: las apariencias engañan, es decir, no todo lo que en un principio nos parece que está muy bien o es bueno, es así, no hay que fiarse de lo aparente; **3. f.** *Quien presta a un amigo, compra a un enemigo*: con el préstamo del dinero es mejor tener las cosas claras y más aún cuando es a un amigo, porque si al final no hay devolución, puede ocasionar el enfado; **4. g.** *Por dinero, baila el perro*: alude al hecho de que tener dinero alegra a todo el mundo; **5. c.** *Las cuentas claras y el chocolate espeso*: se dice que en el dinero es mejor tener siempre todo claro y se compara con el chocolate, que es mejor tomarlo espeso y no líquido; **6. a.** *Poderoso caballero es don Dinero*: hace referencia al poder del dinero, de ahí el tratamiento de *don*; **7. d.** *El que parte y reparte se lleva la mejor parte*: quien se ocupa de manejar el dinero, se encarga de no salir nunca desfavorecido; **8. j.** *No es más rico el que más tiene, sino el que menos necesita*: a veces no se tiene mucho dinero, pero se es más feliz que quien lo tiene; **9. h.** *El que guarda, siempre tiene*: alude al ahorro y a aquellos que guardan el dinero para lo que pueda venir o pasar; **10. i.** *La prosperidad hace necios; la adversidad, discretos*: muchas veces si van las cosas bien uno hace muchas tonterías y, en cambio, cuando se vive una mala racha, se aprende a ser precavido para lo que pueda llegar en un futuro.

→ En el apartado **Ahora tú** se proponen algunas cuestiones para trabajar con estos refranes. En la última cuestión se pide al alumno que elabore un informe oral sobre una de las empresas de su país. Para ello, sugerimos al profesor que remita al alumno a las estrategias de expresión oral (p. 110).

ESPECIAL MUNDO HISPANO (pp. 108-109)

Actividad 1.
Esta actividad tiene como objetivo que el alumno conozca a algunos economistas célebres en el mundo hispano. Para ello tendrá que completar las seis fichas que se presentan con las palabras correspondientes (p. 108), fomentando de esta manera la comprensión lectora.

Soluciones: 1. gerente general, aportes teóricos, términos del intercambio; **2.** politólogo y ensayista, tiempos de represión, identidad nacional; **3.** círculos políticos izquierdistas, golpe de Estado; **4.** alcaldesa, modelo de gestión, servicios públicos; **5.** Economía internacional, instituciones multilaterales, sistemas impositivos internacionales; **6.** Temas agrarios, comité científico, ecologismo político.

→ En el apartado **Ahora tú** se pregunta al alumno por otros economistas que conoce y se le anima a que prepare una biografía similar a las que acaban de leer.

CIERRE (pp. 110-111)

Actividad 1. a.
En primer lugar, el alumno se fija en los distintos tipos de vivienda que ofrecen las imágenes: una antigua masía, una casa domótica y un ático urbano. Se les pregunta en cuál preferirían vivir, cuáles son las ventajas y los inconvenientes que observan en su elección; a cuál creen que se le podría sacar más partido para alquilar como si fuera un pequeño negocio. ¿Depende de la vivienda en sí o depende la capacidad empresarial de la persona que ponga el negocio? Después, se leen las fichas y, a partir de la información que se da en ellas, elaboran un informe oral individualmente (también se puede hacer en pequeños grupos uniendo a aquellos alumnos que hayan escogido la misma vivienda). Se siguen las estrategias que se dan en esta misma página para presentar un informe oral. Es importante que el alumno destaque el plan presupuestario que propondría en caso de alquilar o comprar una de estas viviendas y que para ello intente presentarlo mediante algún gráfico o imagen donde quede claro.

Actividad 1. b.
Individualmente o en parejas, los estudiantes presentan el informe que han elaborado en unos 5–8 minutos. Esta actividad puede prepararse en casa previamente y luego presentarla en otra sesión. Podría hacerse después una votación entre todos, evaluando cuál es el informe que más les ha convencido y por qué.

Actividad 2.

El objetivo es practicar otro género oral, el de la conferencia, en este caso a partir del tema de la jubilación y la prestación social. Se dan una serie de preguntas que sirven al alumno de guion. Se le aconseja revisar las estrategias de expresión oral (p. 111) para seguir las pautas que se dan en una conferencia.

Dosier de gramática
Para que el alumno obtenga alguna idea más sobre el tema de la jubilación de la actividad 2., puede realizarse el ejercicio 6. *¿Trabajar después de los 65 años?* (p. 166) del Dosier de gramática, en el que además se practican los tiempos del pasado.

¡A debate!

Se lee con detenimiento lo que se plantea en este debate: *Banca ética: una solución para reducir la especulación de los mercados*, además de las sugerencias que se dan en los recursos comunicativos para *mostrar escepticismo* y *expresar desconocimiento* a la hora de intervenir en el debate mientras se escuche al resto de compañeros.

Dosier de gramática
El ejercicio 5., *¿Por y para qué una banca ética?* (p. 165) aporta más ideas para poder hablar de este tema, por lo que se recomienda hacerlo en este momento. Al mismo tiempo, se practican las diferencias entre la expresión de la causa y de la finalidad con la propuesta de una serie de conectores.

Dosier de gramática. Soluciones
Tanto tienes, tanto vales (pp. 162–166)

Las preposiciones *por/para*
1. 1. c.; 2. f.; 3. g.; 4. b.; 5. a.; 6. d.; 7. e.; 8. j.; 9. h.; 10. i.; 11. l.; 12. k.; 13. j.; 14. l.; 15. h.
2. 1. por; 2. por; 3. para; 4. para; 5. por; 6. para; 7. por; 8. por; 9. para; 10. por; 11. para; 12. por; 13. por; 14. por; 15. para.
3. 1. por; 2. por; 3. por; 4. por; 5. para; 6. por; 7. por/por; 8. por; 9. por; 10. Para.
4. 1. **Sirve *al* 1% de la población mundial cada día.** Más *de* 68 millones *de* personas comen cada día *en* los restaurants McDonald's, lo que supone aproximadamente el 1% *de* la población mundial.

2. Vende 75 hamburguesas *por* segundo. *Desde* su inauguración *en* 1940, McDonald's ha vendido más *de* 100 000 millones *de* hamburguesas *en* el mundo. *En* la actualidad, la compañía calcula que cada segundo se venden 75 Big Mac, McChicken o cualquiera *de* las otras hamburguesas *de* su menú.

3. Equivale *a* una *de* las mayores economías *del* planeta. *Con* unos ingresos anuales *de* 27 000 millones de dólares, si McDonald's fuera un país se situaría *en* el puesto 91 *de* las naciones *según* su PIB (producto interior bruto), *por* delante de Camerún, Bolivia o Letonia, *entre* otros.

4. McDonald's hace un millón *de* contratos *al* año en EE.UU. La mayoría *de* estos contratos son temporales. *De* hecho, uno *de* cada ocho estadounidenses ha trabajado *en* la empresa *en* algún momento *de* su vida. El diccionario *de* Oxford incorporó *en* 1986 el término *Mc-job para* referirse *a* un trabajo poco cualificado *con* bajo salario. Personajes famosos como la actriz Sharon Stone o la cantante Pink iniciaron su carrera profesional sirviendo hamburguesas *en* uno *de* sus restaurantes.

5. Su logotipo es más reconocido que los símbolos *de* las principales religiones. *Según* una encuesta realizada *por* la compañía *de* investigación *de* mercados Sponsorship Research International, el 88 % de los ciudadanos *del* planeta es capaz *de* identificar la famosa 'M' dorada *de* la compañía *de* comida rápida. *Por* el contrario, únicamente el 54 % es capaz *de* reconocer los símbolos que representan *a* las principales religiones.

6. Estados Unidos, mayor consumidor mundial *de* hamburguesas. Los estadounidenses comen una media *de* 500 000 toneladas *de* carne *de* McDonald's *al* año, lo equivalente *a* 5,5 millones *de* cabezas *de* ganado. Los únicos restaurantes *de* la cadena que no ofrecen carne *de* vacuno están en la India, ya que la vaca es allí un animal sagrado.

7. Un restaurante nuevo *en* cualquier parte *del* mundo cada 4 horas. La compañía está presente *en* 119 países y cuenta *con* 33 000 restaurantes *en* todo el mundo. La Antártida es el único lugar *en* el que todavía no hay un restaurante McDonald's. *En* todo Estados Unidos solo hay una ciudad alejada *a* más de 150 kilómetros *de* un McDonald's; está *en* Dakota del Sur.

5. 1. para; 2. debido a; 3. en vista de que; 4. para; 5. para; 6. de manera que; 7. como; 8. para que; 9. para que; 10. para; 11. para; 12. a causa del; 13. para que; 14. para que; 15. ya que; 16. para; 17. porque; 18. ya que.

6. 1. han sido; 2. estaban o han estado; 3. confiaban; 4. fuera; 5. finalizara o finalizase; 6. ha sido; 7. ha analizado; 8. se acercaba; 9. había pensado; 10. necesitaba; 11. creía; 12. hacía; 13. descendió; 14. centraba; 15. preocupaba; 16. daba o dio; 17. impedía o impidió; 18. temieran o temiesen; 19. creía; 20. venía; 21. preveía; 22. contaba o contara; 23. contrastaba; 24. confiaba; 25. concluía; 26. estaban; 27. recomendaban; 28. aconsejaban; 29. variara o variase; 30. se calculara o calculase.

TAREA FINAL

Se incluyen aquí dos tareas opcionales para profundizar sobre el tema de la unidad y fomentar el trabajo en equipo o el desarrollo individual de la producción oral. En ambos casos, se anima a que el alumno produzca textos auténticos sobre un determinado tema y que haga uso de las nuevas tecnologías como herramienta en el aprendizaje de la lengua.

TAREA EN GRUPO
La historia de una empresa desde sus orígenes hasta nuestros días.
- En grupos, decidid qué empresa de un país de habla hispana vais a escoger para presentar su historia desde sus orígenes hasta nuestros días.
- Elegid los distintos aspectos que vais a tratar sobre la empresa: breve historia, cuál es su logotipo, objetivos, tipo de productos, modelo económico, distribución del producto o mercados (países), tipo de publicidad o *marketing*, razones para invertir en ella.
- Repartíos los apartados anteriores de tal manera que todos podáis hablar un tiempo aproximado de 2,5–3 minutos cada uno y 10 minutos entre todo el grupo.
- Presentad el resultado a vuestros compañeros. Podéis grabaros con un micrófono.
- Después de haber escuchado todas las presentaciones, cada uno votará cuál ha sido el informe oral más completo.

TAREA INDIVIDUAL
Pequeños ahorradores.
- Imagina que estás en la siguiente situación: te han bajado el sueldo en tu trabajo y necesitas recortar gastos.
- Piensa en la manera en que puedes recortar gastos: de la casa (luz, agua, gas, hipoteca/alquiler, teléfono/Internet, mantenimiento, etc.), en alimentación, en ropa, en ocio, en transporte, etc. Puedes basarte en tu propia experiencia o mirar en Internet algún foro o blog sobre pequeños ahorradores para inspirarte.
- Intenta elaborar algún gráfico o imagen para complementar la información.
- Puedes grabarte, pero no leas el texto, y prepara unas anotaciones que te ayuden a recordar la información.

Tema 10

INTRODUCCIÓN AL TEMA (pp. 112-113)

Estímulo visual

Se les puede pedir a los alumnos que, durante un par de minutos, contemplen la imagen y que piensen en un par de ideas de manera individual. En este caso, observamos a una persona que se tapa la cara a la vez que se ríe. La imagen sugiere, por ejemplo, que reírse es una actividad diaria y presente en cualquier sociedad, sin embargo, no todas las culturas se ríen de lo mismo ni exactamente de la misma manera. Se puede hablar aquí de las diferentes formas de reírse, por ejemplo, en algunas culturas la gente se tapa la boca cuando se ríe, mientras que en otras uno se puede reír a carcajadas sin que a la gente que está a su alrededor le moleste. Se puede mencionar también que a veces el gesto de llevarse las manos a la cara, o a la cabeza, indica sorpresa y que es habitual cuando alguien cuenta algo con humor. Este gesto puede ir acompañado de expresiones verbales como: *¡madre mía!*, *¡qué bueno!*, *¡qué risa!*, *¡qué gracia!*, *¡no me lo puedo creer!*, etc. Se puede hablar también de cuándo una persona se debe o no reír, de cómo la risa puede ser un tanto incontrolable o imprevisible, e incluso de los diferentes tipos que hay y de cómo se representa su onomatopeya en español: *¡ja, ja!* (risa abierta); *¡je, je!* (risa astuta); *¡ji, ji!* (risa contenida); *¡jo, jo!* (risa socarrona).

→ Puesta en común sobre las diferentes opiniones con el resto de la clase.

Soluciones: A. ríe mejor: la expresión *el que ríe el último, ríe mejor* es un refrán popular que advierte que no hay que cantar victoria antes de tiempo, es decir, antes de haber llegado a la meta o a la consecución de un objetivo.

Cuestiones previas

Por parejas, o en pequeños grupos, los alumnos leen y dan su opinión sobre las cuestiones previas que se plantean. Las preguntas se pueden responder de diferentes maneras, pero es conveniente que en este capítulo reflexionen sobre cuáles son algunas de las opiniones generales acerca del humor, cómo se consigue o cómo se activa, cuándo aparece, si es algo constante, qué nos hace gracia y por qué, si es algo que se le da bien a todo el mundo, si todos entienden cualquier tipo de humor o si existe uno que se podría llamar universal.

→ Puesta en común sobre las diferentes opiniones con el resto de la clase.

Comenta las siguientes afirmaciones

Ahora el profesor o los alumnos leen en voz alta las afirmaciones relacionadas con el tema del capítulo, que son frases célebres de personalidades de países de habla hispana. Tras la lectura, se puede comentar el punto de vista personal sobre cada una de ellas. Como se indica en las frases célebres, el humor en su concepción puede variar de una persona a otra. Se deduce de ellas que el humor se manifiesta a diario y tiene que ver

El que ríe el último...

con la personalidad del individuo, ya que, tal como se apunta: *se tiene o no se tiene*; *está en uno mismo*; *es incontestable*; *está relacionado con lo inesperado* o *con la sorpresa*; *es necesario y es vital para el ser humano*.

EN PORTADA (pp. 114-115)

Biografía

Los estudiantes, por parejas o en pequeños grupos, reconstruyen la biografía del humorista Ángel Martín a partir de los datos que aparecen. Para ello, harán uso de los tiempos del pasado, así como de otros conectores temporales que les ayuden a enlazar la información.
→ Puesta en común sobre las diferentes opiniones con el resto de la clase.

La entrevista
Actividad 1. a.

Los alumnos tienen que asignar una pregunta a cada párrafo según la relación de significado que se establezca entre las dos partes. A continuación, se comprueban las respuestas. La entrevista trata sobre la realización de un programa televisivo de humor y sobre la profesión de humorista. La frase que utiliza el entrevistado, *lo que más me gusta es salirme del guion*, da juego para plantear la relación entre el factor sorpresa, la creatividad y el lenguaje, todos ellos elementos que están intrínsecamente relacionados con el humor, como se comprobará en las actividades que se proponen a lo largo del capítulo. También se puede ver aquí la relación entre la improvisación, la expresión oral y el humor.
Soluciones: a. 2.; b. 4.; c. 1.; d. 3.; e. 5.; f. 7.; g. 6.

Actividad 1. b.

Se les puede pedir a los alumnos que uno lea las preguntas y otro las respuestas (entrevistador/entrevistado). El profesor puede detenerse en aquellos aspectos que sean relevantes para la actividad 1. a. Después se escucha el audio de la entrevista y se comprueban las respuestas, pero esta vez prestando atención a la expresión oral de las personas que intervienen, el vocabulario, etc.

Actividad 2.

En esta actividad los estudiantes tienen que explicar una serie de expresiones que han aparecido en la entrevista teniendo en cuenta el contexto. Muchas de ellas presentan una información de carácter metafórico o idiomático, por lo que se puede analizar cuál es la relación entre el significado literal de la expresión y el metafórico. Por ejemplo, en la expresión *irse un poco la cabeza* se puede hablar de cómo el verbo *irse* combinado con la palabra *cabeza* expresa la idea de alguien que *no tiene un comportamiento cabal* o que *está un poco loco* porque no hace lo que una persona haría normalmente en la misma situación.

Soluciones: 1. *Estar forjado en el arte del monólogo*: el verbo *forjar* se utiliza normalmente para hablar de materiales de construcción, por lo tanto, el sentido de esta expresión quiere decir que Ángel Martín como humorista *posee experiencia* o que *está familiarizado con su profesión* porque le ha tocado realizar diferentes monólogos humorísticos a lo largo de su carrera; **2.** *Hacer gala de un irresistible encanto*: *hacer gala de algo* significa *preciarse y gloriarse de ello*, es decir, que uno es consciente de que posee un don y no le importa mostrarlo a los demás. En este caso, como se trata de un humorista, la expresión describe a Ángel Martín como una persona encantadora que une su faceta profesional como parte de su personalidad; **3.** *Encajar en un papel*: *encajar* en este contexto significa ser la persona más apropiada para desempeñar un papel determinado. No todo el mundo tiene las cualidades de creatividad, improvisación, etc., que hacen falta para la profesión de humorista; **4.** *Fluir estupendamente la vida*: el sentido del verbo *fluir* es el de *transcurrir*, y en este caso significa que todo marchaba o funcionaba bien; **5.** *Ser un ángel de la guarda*: es decir, ser la persona que le protege a uno, que hace referencia a una figura que, según la tradición cristiana, vela por una persona desde su nacimiento, aunque sin que la persona protegida sea consciente de que recibe dicha protección; **6.** *Preferir la combinación de locura y experimentación*: como humorista, Ángel Martín prefiere improvisar, crear, sorprender y, por lo tanto, llegar a comportamientos poco racionales que le permiten mostrar aquellos aspectos de la personalidad del ser humano que, al ser atrevidos, o un tanto *locos*, pueden provocar la risa en los demás. Experimentar estos aspectos, saliéndose del guion o de las normas preestablecidas, es lo que le ha hecho comprobar sus facetas de improvisación y de creatividad; **7.** *Irse un poco la cabeza*: significa *estar un poco loco* o actuar de una manera que no sería lo habitual.

Actividad de ampliación

A continuación, se incluyen algunas expresiones idiomáticas con la misma parte del cuerpo que ha aparecido en la entrevista: *andar/ir de cabeza; sentar la cabeza; subírsele algo a alguien a la cabeza; traer a alguien de cabeza; tener la cabeza en su sitio (en su lugar)/tener la cabeza sobre los hombros; tener (muchos) pájaros en la cabeza/tener la cabeza llena de pájaros; dar un cabezazo a alguien; echar una cabezada una cabezadita; romperse la cabeza; ser un cabezota*. Una manera de introducir estas expresiones es preguntarles a los alumnos si piensan que expresan algo positivo o negativo para luego analizar de manera conjunta la relación entre el significado literal y el metafórico.

→ En el apartado **Ahora tú** se proporcionan otras preguntas de ampliación.

> **Dosier de gramática**
> Se recomienda integrar aquí el componente gramatical con el ejercicio 1. del Dosier de gramática (p. 167), en el que se trabajan las oraciones consecutivas. En el ejercicio se presenta un *Decálogo de la risa* y los estudiantes tienen que enlazar las diferentes partes de las oraciones y poner la forma correcta de los verbos en función del significado. Una vez que lo hayan hecho, se les puede preguntar si están de acuerdo con este decálogo y también si se les ocurre algún aspecto más sobre la risa que se podría añadir.

MÁS PALABRAS (pp. 116-117)

Actividad 1.

En esta actividad se trabajan expresiones idiomáticas que, por su configuración, invitan al humor. Muchas de ellas se valen de coloquialismos o de sonidos (onomatopeyas) que contribuyen al significado de la expresión, pero que no se utilizan de manera independiente como unidades léxicas. Por ejemplo, en la expresión *me da un patatús*, la palabra *patatús* es un coloquialismo que significa 'desmayo' o 'lipotimia', pero se prefiere en lugar de las otras palabras porque su pronunciación resulta más directa y sonora. En *está un poco plof*. *Plof* es una onomatopeya que representa el sonido que haría algo que cae al suelo y, por lo tanto, posee el sentido de una persona que está baja de ánimo o un tanto decaída.

Soluciones: 1. *me da un patatús*: **a.** un ataque; **2.** *está un poco plof*: **b.** triste; **3.** *a mí plin*: **a.** me da igual; **4.** *al tuntún*: **b.** improvisadamente; **5.** *Faltó un tris*: **b.** muy poco; **6.** *me hace tilín*: **a.** me gusta; **7.** *¡Qué guirigay!*: **a.** confusión; **8.** *¡Qué tiquismiquis eres!*: **b.** maniático; **9.** *está piripi*: **a.** borracho; **10.** *Tuvo un rifirrafe*: **a.** una fuerte discusión.

Actividad de ampliación

Se les puede pedir a los alumnos que en parejas creen un pequeño diálogo en el que hagan uso de algunas de las expresiones idiomáticas que acaban de aprender. Se les anima a que dichas situaciones comunicativas incluyan un contexto humorístico y a que las representen brevemente en clase teniendo en cuenta el lenguaje no verbal: gestos, por ejemplo.
→ Puesta en común sobre los diferentes diálogos que hayan creado los grupos.

Actividad 2. a.

En la actividad anterior se han ido introduciendo las nociones de *sentido literal* y *sentido metafórico*. Ahora aquí se trabajan estos dos conceptos con figuras retóricas o fenómenos relacionados con el humor que pueden aparecer en el uso de la lengua: la hipérbole, la ironía y la paronomasia.

Soluciones: Se da a entender lo contrario de lo que se dice: **1.** Ironía; Juego de palabras basado en el parecido fonético entre ellas: **3.** Paronomasia; Es una exageración que muchas veces se forma mediante una comparación: **1.** Hipérbole.

Actividad 2. b.
En la segunda parte de la actividad, se les pide a los alumnos que identifiquen cuál de los fenómenos que acaban de ver se da en los chistes que aparecen. Estos textos, además de mostrar el uso humorístico del lenguaje, sirven como modelos auténticos que les resultarán útiles cuando más adelante tengan que contar un chiste, por ejemplo.
Soluciones: 1. Hipérbole que se refuerza con *tan buena, tan buena, tan buena*; **2.** Paronomasia: alteración fonológica de *te quiero sinceramente*; **3.** Hipérbole: exageración numérica; **4.** Paronomasia: alteración fonológica de *Yo quito tu moto* para imitar cómo puede sonar un típico nombre japonés; **5.** Ironía: el significado de *pequeñas cosas* es precisamente lo opuesto porque *son cosas que cuestan mucho dinero y de gran tamaño*.

Actividad 3.
Aquí se trabajan los dobles significados de las palabras. Los alumnos deben relacionar los sustantivos y los verbos que se ofrecen con sus significados. Es conveniente explicar que, en ocasiones, encontramos en la lengua palabras que poseen varios sentidos que pueden estar relacionados o no. Antes de hacer el ejercicio se les puede peguntar que expliquen cuáles son los posibles significados de las palabras *gato* y *mono*. Todo el mundo sabrá el significado relacionado con los animales, pero seguramente desconocerán el segundo para cada uno de ellos (gato: herramienta mecánica para cambiar una rueda de un coche) (mono: prenda de ropa de una sola pieza que consta de cuerpo y pantalón que se suele utilizar en diversos oficios como, por ejemplo, el de pintor o el de mecánico).

A continuación, se les puede dar un poco más de contexto: *no te preocupes, llevo el gato en el maletero del coche* o *me voy a poner el mono para no mancharme*. Se les puede dar unos minutos para que intenten, a partir del contexto, aproximarse al significado de la palabra. También se les puede pedir que oralmente elaboren unas frases con estas palabras o un pequeño diálogo en las que se incluyan.
Soluciones: Sustantivos: 1. esposa; **2.** diario; **3.** espacio; **4.** química; **Verbos: 1.** reconocer; **2.** doblar; **3.** vencer; **4.** plantar.

Actividad de ampliación
Una vez que hayan hecho el ejercicio, se les puede pedir que piensen ellos en palabras que, por su pronunciación o escritura, tengan más de un significado en español. Luego se hace una puesta en común y el resto de la clase tiene que adivinar los diferentes significados de cada una de las palabras que se mencionen. He aquí algunos ejemplos: *vaca* (animal que produce leche)/*baca* (artefacto que se coloca sobre el techo del automóvil para llevar el equipaje); *contar* (numerar o computar cosas, contar dinero/narrar algo, contar una histo-

ria); *girar* (hacer una transferencia bancaria, girar una cantidad de dinero/torcer, gira a la derecha); *el casco* (para protegerse la cabeza cuando uno se desplaza en una moto o en una bicicleta/(la parte delantera de un barco); *el muelle* (pieza elástica, por lo general de metal, que se utiliza para amortiguar cosas como, por ejemplo, dentro de un colchón o en una silla/obra de madera, piedra o hierro sobre la orilla del mar que se utiliza para facilitar el embarque y el desembarque de personas o mercancías).

Actividad 4. a.

En esta última actividad se presentan algunos ejemplos de chistes con exageraciones para que los estudiantes enlacen las dos partes teniendo en cuenta la lógica existente.

Soluciones: 1. f.; 2. d.; 3. b.; 4. c.; 5. a.; 6. e.

→ Puesta en común sobre los diferentes chistes que se hayan creado. Se puede analizar de manera conjunta cuáles son más originales o más graciosos y por qué.

→ En el apartado **Ahora tú** se proporcionan preguntas de ampliación sobre textos humorísticos que han aparecido en esta sección.

Actividad 4. b.

En la segunda parte de la actividad, se anima al estudiante a que continúe unos chistes que siguen la misma estructura, con el objetivo de potenciar la creatividad en la lengua meta.

Soluciones: He aquí algunas propuestas para la segunda parte de la actividad: **1.** Era tan alto, tan alto, tan alto que… se comió un yogurt y cuando le llegó al estómago ya estaba caducado; **2.** Tenía la boca tan pequeña, tan pequeña, tan pequeña que… solamente podía comer espaguetis; **3.** Era un alumno tan atento, tan atento, tan atento que… daba las respuestas antes de que el profesor hiciera las preguntas.

> ### Dosier de gramática
> Se recomienda integrar aquí el componente gramatical con los ejercicios 3. y 4. del Dosier de gramática (pp. 168-170), en los que se trabaja el estilo directo e indirecto. En estos ejercicios aparecen frases célebres de niños, breves narraciones humorísticas o chistes desde el punto de vista infantil, extraídas del conocido humorista y presentador español de televisión Pablo Motos. Los estudiantes tienen que transformar los chistes al estilo directo e indirecto. Es importante que se fijen en cómo se consigue el humor para que, una vez hecho el ejercicio, se pueda analizar de manera conjunta con el resto de la clase.

DESTACADO (pp. 118-119)

Actividad 1
En esta primera actividad se presentan diferentes opiniones sobre el humor. Los estudiantes pueden trabajar en parejas y decidir si están a favor o en contra de cada una de las declaraciones en las que se tratan diferentes temas: **1.** El humor y la inteligencia; **2.** Los temas sobre los que se puede bromear o no; **3.** El humor como género de entretenimiento; **4.** La relación entre el humor y la felicidad; **5.** El sentido del humor; **6.** La profesión de humorista.

→ Puesta en común sobre las diferentes opiniones sobre el humor.

Actividad 2. a.
Una vez que se ha hablado sobre el humor y los diferentes ámbitos en los que puede aparecer, se puede mencionar que uno de los ejemplos más claros donde lo encontramos es en la publicidad. Constantemente nos vemos expuestos a anuncios publicitarios que incluyen el humor, ya sea en las imágenes que utilizan o desde el punto de vista lingüístico. Un claro ejemplo de cómo se utiliza el lenguaje con un propósito humorístico son los eslóganes publicitarios.

En esta actividad aparecen diez eslóganes que anuncian diferentes productos y en los que se combinan aspectos propios de la publicidad para crear humor: los juegos de palabras, los dobles sentidos, las onomatopeyas, las rimas, etc. Los estudiantes deben enlazar las dos partes del eslogan a partir de la lógica que puedan encontrar.

Es importante que cuando hagan el ejercicio reflexionen, por un lado, sobre cómo han sabido cuál era la respuesta correcta, ¿ha sido por el significado?, ¿porque rimaban algunas palabras?, etc., y por otro, que sean capaces de explicar cuáles son algunas de las implicaciones que se deducen de los diferentes eslóganes, es decir, algunas de las posibles interpretaciones del mensaje por parte de la persona que lo recibe. Ej.: *Hoteles RM*: *La mar de opciones y el mar en tus manos*. En este eslogan se pone de manifiesto que es una cadena de hoteles situada cerca del mar, lo cual te permite disfrutar de la tranquilidad de una zona de playa, de los deportes náuticos, de los paseos por la playa, etc. Se utiliza la palabra *mar* con dos significados, por un lado el lugar físico como tal, pero por otro *la mar* con un valor metafórico de *abundancia* o *cantidad* como en el ejemplo *lloró un mar de lágrimas* (lloró mucho).

→ Puesta en común con el resto de la clase.

Soluciones: 1. *Hoteles RM:* **h.** *La mar de opciones y el mar en tus manos.* Una cadena de hoteles. Véase la explicación que aparece arriba; **2.** *No me abandones en cualquier sitio*: **g.** *Ponme en mi lugar.* Una campaña a favor del reciclaje. Se trata de un eslogan de publicidad institucional en el que se quiere concienciar a la gente de que *ponga los objetos en su sitio*, es decir, que los recicle según su composición. Se juega con la expresión idiomática *poner a alguien en su lugar*, que significa poner a alguien donde le corresponde estar o *darle a alguien lo que se merece*; **3.** *Andalucía sabe:* **a.** *Elige nuestro saber y sabor cada día*. Un anuncio de turismo. En este eslogan se pone énfasis en el juego lingüístico entre palabras que se parecen entre sí pero que poseen diferentes significados: *sabe* (verbo *saber*), *saber* como sustantivo sinónimo de *sabiduría* o *conocimiento* y *sabor*, que hace referencia a la tradición gastronómica de Andalucía; **4.** *¡A mí plin!*: **f.** *Yo duermo en Pikolín*. Un colchón. Aquí se utiliza una expresión idiomática con una onomatopeya *a mí plin* para decir *a mí me da igual* porque *yo duermo en Pikolín*, es decir, *yo duermo bien*. Se establece una rima entre la primera y la segunda parte del eslogan que refuerza su tono humorístico. Pikolín es además una conocida marca de colchones en España; **5.** *No te enredes y deja que te acaricien*: **c.** *Tu pelo sedoso con solo un lavado*. Un champú. En este eslogan se utiliza el verbo *enredarse* con el sentido de *hacerse un lío*, pero también con el significado de cuando el pelo *se enreda*. Para que esto ocurra una persona debe llevar el pelo largo, por lo que el anuncio puede estar dirigido a mujeres que quieran tener el pelo suave; **6.** *Pestañas LAAAARGAS*: **j.** *Prueba nuestra máscara única con extracto de plantas*. Una marca de mascarilla de pestañas. Se repite la letra *a* dentro de la palabra para establecer un paralelismo semántico entre el significado *largo* y cómo asimismo se *alarga* la palabra; **7.** *¿Vives al este del edén?*: **b.** *Visita nuestra exposición y entra en el paraíso cuando quieras*. Un edificio de nueva construcción. En este ejemplo se apela a elementos de la cultura cinematográfica y literaria, como la famosa novela *Al este del edén,* del escritor norteamericano John Steinbeck, o la película homónima dirigida por Elia Kazan, con el actor James Dean como protagonista. Asimismo, se utilizan estas referencias para indicar que el edificio que se anuncia es como vivir *en el paraíso* (o *edén*), de ahí que se invite a cualquier persona a visitar la obra y a *entrar* en el mismo; **8.** *Toma nuestro ron*: **d.** *El oro negro*. Una bebida. El ron se obtiene de la fermentación de la caña de azúcar, lo que le da un color entre dorado y negro, como el del oro, de ahí que se haga un símil con este metal precioso, dando a entender que se quiere vender la calidad de este producto; **9.** *Tris, tras*: **i.** *Guapos y guapas por delante y por detrás*. Una peluquería. En el eslogan se utiliza una rima entre *tris, tras*, que puede simbolizar el sonido onomatopéyico de unas tijeras cuando cortan y *detrás*. Se hace referencia a la actividad de cortar el pelo y de cómo es importante que esto se haga bien tanto por un lado como por otro; **10.** *La cama de tus sueños...*: **e.** *Sshh… buenas noches*. Una tienda de muebles. Aquí se juega con el sonido onomatopéyico con el que se pide silencio, *sshh*, y con el sustantivo *sueño* como parte de un eslogan de una tienda de muebles donde encontrarás *el tipo de cama con el que siempre has soñado*.

Actividad 2. b.
En la segunda parte de la actividad, se debe identificar cuál es el producto que se anuncia. Los estudiantes tienen que justificar su elección.

→ Puesta en común con el resto de la clase.

Soluciones: De todos los que aparecen hay tres productos *intrusos* que no corresponden a ningún eslogan: una academia de idiomas, una marca de yogures y un suavizante para la ropa.

Actividad 3.

Antes de que empiecen a inventar el eslogan, se les puede pedir a los alumnos que en unos minutos describan en parejas las imágenes que aparecen para que el profesor se asegure de que se entienden bien. Después, se hace una puesta en común con el resto de la clase para, posteriormente, pasar a la configuración lingüística de cada uno de los eslóganes.

Antes de crear el eslogan, tendrán que identificar qué tipo de producto creen que se podría anunciar con cada una de las imágenes. Es importante que los estudiantes tengan en cuenta los modelos de eslóganes que han aparecido anteriormente: Puesta en común sobre las descripciones de cada una de las imágenes y sobre los eslóganes publicitarios.

Soluciones: Algunas posibilidades para las imágenes: **1.** Aquí vemos a un bañista con un flotador en la cintura, unas aletas, unas gafas de bucear y un cubo de plástico para jugar en la arena. La imagen puede corresponder a una agencia de viajes que se ocupa de todas las gestiones para que el turista no se tenga que preocupar más que de hacer la maleta y de disfrutar de la estancia. Posible eslogan: *Preparado, listo, ¡al agua! No te preocupes de nada más.* **2.** En la segunda imagen vemos un pez que salta de una pecera más pequeña a una más grande, como si quisiera cambiar de espacio. El anuncio podría corresponder a una agencia inmobiliaria que ofrece pisos de alquiler o en venta más grandes por menos dinero. Posible eslogan: *No te sientas como un pez fuera del agua. Tu piso: más espacio por menos esfuerzo.* **3.** En la tercera imagen se ve a una chica que, presa del pánico, está subida en una silla porque tiene miedo de un ratón de ordenador. Se alude a la situación análoga que se daría si el ratón fuera de verdad y no un aparato, por lo que se juega con la ambigüedad del lenguaje. La imagen puede corresponder a un anuncio de un medicamento para aquellas personas que sufren estrés a causa del trabajo. Posible eslogan: *¿Todavía sueñas con el trabajo? Prueba nuestras grageas de valeriana y piérdele el miedo a todo.*

Actividad 4.

Una vez que los estudiantes han aprendido a interpretar y a crear eslóganes, pueden crear en grupos un anuncio publicitario en el que pongan en práctica todo lo aprendido. Se les puede animar a que, cuando lo configuren, jueguen con el lenguaje y añadan humor tal como han visto que ocurre a menudo con la publicidad.

Actividad de ampliación
Otra opción para esta actividad es que ellos busquen un anuncio que ya esté hecho y que lo interpreten en grupo. Se pueden mostrar los diferentes anuncios y después contrastar las distintas interpretaciones. Seguramente no todo el mundo entenderá la publicidad de la misma manera y las implicaciones de significado variarán de una persona a otra. Lo interesante es que sean capaces de interpretar y de describir oralmente los diferentes mensajes publicitarios.

→ Puesta en común sobre los diferentes anuncios publicitarios.

ESPECIAL MUNDO HISPANO (pp. 120-121)

Actividad 1.

En esta sección se incluye información sobre diferentes humoristas del mundo hispano. El profesor puede buscar más información sobre ellos e incluso ponerles algún vídeo para mostrar las diferencias que existen en la manera de utilizar el humor y también en la forma de hablar, ya que pertenecen a diferentes países del dominio panhispánico. En el caso del número 1., Les Luthiers, los alumnos, en parejas, intentan interpretar los dobles significados de las frases que se incluyen para después hacer una puesta en común.

Soluciones: 1. 1. como un elemento fundamental; **1. 2.** creador de instrumentos musicales; **2. 1.** los juegos de palabras que utilizaba no se traducían bien a otras lenguas; **2. 2.** hablar de forma incongruente y sin decir nada; **3. 1.** dibujos satíricos; **3. 2.** criticar sus costumbres y estilo gubernamental; **4. 1.** estar de pie en el escenario ante un público; **5. 1.** desató las iras; **5. 2.** organización dedicada a defender la libertad de expresión.

> **Dosier de gramática**
> Se recomienda integrar aquí el componente gramatical con el ejercicio 2. del Dosier de gramática (pp. 167-168), en el que se trabajan las oraciones consecutivas y comparativas. En este ejercicio, aparece información sobre diferentes humoristas del mundo hispano que hay que completar con los conectores consecutivos y comparativos adecuados. Esta actividad sirve de introducción a la sección Mundo hispano (p. 120-121), por lo que el profesor puede buscar, si así lo desea, algún vídeo de los humoristas que se mencionan para que el estudiante se fije en diferentes maneras de cómo se utiliza el lenguaje humorístico.

→ En el apartado **Ahora tú** se proporcionan algunas preguntas de ampliación.

CIERRE (pp. 122-123)

Actividad 1. a.
En esta actividad aparece una imagen que los alumnos tienen que interpretar siguiendo una serie de pautas. En este caso, la fotografía, al igual que ocurre a menudo con el humor, no aparece como sería de esperar. La casa que se observa es como si estuviera boca abajo, aunque parece que sigue siendo funcional. Los estudiantes tienen que lanzar diferentes hipótesis sobre el porqué de su existencia: ¿es de un arquitecto modernista? ¿Es solamente para llamar la atención? ¿Es un museo? ¿Es de alguien que quiere ganar dinero con esta iniciativa? ¿Se puede distribuir mejor el espacio de esta manera? ¿Se integraría mejor una casa así en la naturaleza?, etc.

Actividad 1. b.
En la segunda parte de la actividad tienen que imaginar cómo sería vivir en una casa así y cuáles serían las ventajas o desventajas, o si resultaría posible. Es importante que los alumnos hagan uso de los recursos comunicativos (p. 122), que se proporcionan para *hacer hipótesis* y para *rechazar hipótesis*. Por esta misma razón, es conveniente que estas estructuras se lean de manera conjunta para realizar alguna matización gramatical, por ejemplo: *es probable* que + subjuntivo, pero *igual* + indicativo.

> **Dosier de gramática**
> Se recomienda integrar aquí el componente gramatical con el ejercicio 5. del Dosier de gramática (pp. 170-171), en el que se trabajan los tiempos del pasado. Los textos recogen unas curiosas anécdotas que, al igual que la casa que aparecía en la imagen de la actividad 1. a. (p. 122), muestran que muchas veces la realidad supera la ficción. En el ejercicio, los estudiantes tienen que completar los huecos con los tiempos correctos del pasado. Una vez que lo hayan hecho, se pueden comentar las noticias para ver cuál es su impresión y si creen que esto podría ocurrir en cualquier lugar. También se les puede animar a que busquen una noticia curiosa y divertida para la siguiente sesión, que la sinteticen en unas líneas y que la expongan oralmente.

Actividad 2. a.
Para cerrar esta sección se incluyen una serie de chistes con la finalidad de proporcionar modelos auténticos. Los estudiantes tienen que unir las dos partes de diferentes chistes. Muchos de ellos utilizan onomatopeyas, por lo que hay que prestar especial atención a cómo se cuenta o se reproduce el chiste, ya que este aspecto también forma parte de que el acto comunicativo, en este caso humorístico, se realice con éxito.

Soluciones: 1. Papá, ¿por qué te llaman toro?: **e.** Muuurmuraciones, hijo, muuuurmuraciones. (*mu* es la onomatopeya que corresponde al sonido que hacen el toro o la vaca); **2.** Van dos globos por el desierto y le dice el uno al otro: **h.** Ten cuidado con el cáctussssssssssssssss (el sonido [s] que imita el sonido de globo que se pincha o se desinfla); **3.** Están dos vacas pastando y le dice una a la otra: «Muuuuuuuuuuuuuu»: **a.** La otra le responde: «Me lo has quitado de la boca»; **4.** Están dos pájaros hablando en una rama. «¿Pío?», dice uno: **f.** «Haz lo que quieras». (*Pío*, la onomatopeya que corresponde al sonido que hace un pájaro y es la primera persona del singular del presente de indicativo del verbo piar); **5.** Van dos tomates por la carretera y le dice uno a otro: **b.** «Ten cuidado que viene un...» chof. «¿Qué?...» Chof. (*Chof*, onomatopeya de algo que se chafa); **6.** « Beeeeeee. » ¿Cabra?: **g.** Qué vaaaaaaa. (*Be* es la onomatopeya para imitar el balido del carnero, de la oveja y de la cabra); **7.** ¿Qué dijo un pez que se cayó de un octavo piso?: **d.** Aaaaaa... tún. (La palabra *atún* intenta imitar el sonido que haría al caer el pez al suelo pero es, asimismo, un tipo de pez); **8.** Le dice una ovejita a su mamá: **c.** «¿Puedo ir a jugar al prado?» «Veeeeee, veeeeee». (Juego fonológico entre el balido de una oveja, *be*, y el imperativo del verbo ir. *ve*).

Actividad 2. b.

Aquí tienen que completar una narración humorística con los sustantivos que faltan. Se pretende que el alumno se fije una vez más en otras opciones de textos humorísticos. Con todo ello, el estudiante estará preparado para hacer uso del humor en la lengua meta con mayor seguridad. Es imprescindible que, para leer cualquiera de los chistes o para narrar un texto humorístico, los alumnos tengan en cuenta las estrategias de expresión oral (p. 123).

Soluciones:

Un *ejecutivo* que estaba destinado por *negocios* temporalmente en París, recibe una *carta* de su *novia* desde Chile que decía lo siguiente:

> Querido Alejandro:
> Ya no puedo continuar con esta relación. La *distancia* que nos separa es demasiado grande. Tengo que admitir que te he sido infiel diez veces desde que te fuiste y creo que ni tú ni yo nos merecemos esto, lo siento. Por favor devuélveme la foto que te envié. Con profunda *amistad*.
> María

El *hombre*, muy herido, le pidió a todos sus *compañeros* de trabajo que le regalaran *fotos* de sus novias, *hermanas*, *amigas*, *tías*, primas, etc. Junto con la foto de María, incluyó todas las fotos que había recogido. Había 57 fotos en el *sobre* de *papel* y una *nota* que decía:

> María perdóname, pero no consigo recordar tu cara ni quién eres. Por favor, busca tu foto en el paquete y devuélveme el resto.

Actividad de ampliación

Se les puede pedir a los alumnos que graben los chistes y que los practiquen para que su narración resulte natural. También se les puede sugerir que busquen otros chistes similares para la sesión siguiente y que los cuenten, siempre teniendo en cuenta todo lo que han aprendido durante el capítulo. El resto de la clase tendrá después que explicar cómo se consigue el humor y dónde está la gracia de cada uno de ellos.

Se recomienda hacer la siguiente actividad en la que aparece un monólogo del humorista entrevistado, Ángel Martín, y los estudiantes tienen que fijarse en cómo se presenta la información e identificar algunos de los recursos se utilizan para crear humor. Primero se recomienda ver el vídeo y luego se les puede dar la hoja con la transcripción para que trabajen en parejas. El monólogo se encuentra disponible en el siguiente enlace:

→ Vídeo Adaptado de: *http://www.youtube.com/watch?v=UTxyP27jdDMI*.

Actividad

a. Lee el siguiente monólogo de Ángel Martín y fíjate en cómo se presenta la información. ¿Qué recursos se utilizan para crear humor?

Bien, para empezar, yo lo que he hecho ha sido inventarme un cuento también que se llama... *El melocotón que murió por culpa tuya* y se lo cuento a mi sobrino... Tiene... tiene 3 años, pero ya se me ha cruzado... Luego cuando viene a casa, pues se lo explico. Yo le siento en el sofá y le digo: «Voy a contarte la historia del melocotón que murió por culpa tuya». ¡La primera, en la frente! Entonces el cuento va de un melocotón que se sentía solo porque ningún niño quería ser su amigo. Entonces aquí mi sobrino empieza: «¡No, padrino, yo, yo, yo, yo!» pero ¡bah!... Yo paso de él. Yo tengo un objetivo marcado... y voy tirando, ¿no? Bueno, resulta que un día el melocotón, harto de esta vida que llevaba, y sabiendo que un día tarde o temprano iba a morir, dijo: «Este es un momento duro. Nadie me quiere» (*con voz de niño*). Le pongo voz porque así el niño se encariña antes con el personaje y le duele mucho más cuando muere. Además, os puede parecer una tontería, pero es una cosa muy útil, porque a partir de ahora distinguiréis muy bien cuándo os habla un melocotón y cuándo no... Entonces, el melocotón tembloroso se dejó caer del árbol donde vivía, golpeando su cabeza contra una piedra y muriendo en el acto. Total que, esta es la historia del melocotón que murió por culpa tuya. A veces se lo cuento con melocotones de verdad...

→ **Soluciones: Marcadores que se utilizan para contar una historia o anécdota oral**: *para empezar* (sirve para comenzar el relato); *luego* (para continuarlo); *va de* (explica el tema, de lo que trata la historia); *resulta que* (indica un suceso); *total que* (para finalizar); **Recursos para conseguir humor**: la exageración, la ironía, utiliza pausas, cambios en el tono de la voz, lenguaje no verbal, como los gestos, contacto visual con el público, etc.

¡A debate!

Para el debate final se propone hablar sobre los *límites del humor*. Como se ha visto a lo largo del capítulo, el humor se utiliza en diferentes medios y con distintos propósitos, y también la temática sobre la que se puede producir humor es muy variada. Sin embargo, no todo el mundo tendrá el mismo punto de vista sobre este tema. Es importante que los estudiantes lean detenidamente las pautas que se les proporcionan antes de elaborar un esquema con ideas que les pueda ayudar durante su intervención en el debate. Asimismo, tendrán que hacer uso de los recursos comunicativos (p. 123), que se les proporcionan para *mostrar escepticismo* y *contraargumentar*. Es conveniente que el profesor haga una lectura tanto de las pautas como de las estructuras para que los estudiantes tengan claro su uso. Algunas de las expresiones pueden ser un poco más directas, *no sé qué quieres que te diga*, o más formales, *no me convence del todo*. Es aconsejable que el profesor incida sobre las pautas que se proporcionan para la realización del debate sobre cómo llevar a cabo la intervención oral durante el mismo.

Dosier de gramática. Soluciones
El que ríe el último... (pp. 167–171)

Las oraciones consecutivas

1. 1. h. mejorarás; 2. f. seas; 3. j. muestres; 4. a. te rías; 5. c. espera; 6. b. constituya; 7. e. valores; 8. g. tengas; 9. d. prescindas/contribuya; 10. i. conseguirás.

Las oraciones comparativas

2. 1. tanta… que, tales… que, 2. tanto… que, así como; 3. tanto… como, 4. más… que (3 veces); 5. tanto… como, tan… que.

El estilo directo e indirecto

3. 1. El padre de Eva le preguntó si tenía ganas de que empezara el colegio. La niña le respondió que no y su padre insistió que por qué. Eva le dijo que porque les ponían deberes y que luego ni les pagaban ni nada; 2. Manuel hizo una sopa para cenar a su hijo y le dijo que se la comiera, que estaba muy rica. El niño tomó dos cucharadas y le contestó que tenían gustos distintos; 3. Un día Juana intentaba ponerse las zapatillas sola y le preguntó a su madre que esa en qué pie iba. Su madre le contestó que en ese. Y la niña dijo que vale, que el otro no se lo dijera; 4. Javier le preguntó a su madre que si las vacas estaban en peligro de extinción. Su madre le dijo que no y Javier respondió que menos mal, porque con lo rica que estaba la leche…; 5. María está en el cementerio con su madre poniendo flores en la tumba de su abuelo y, de repente, le dice que en qué quedan/quedaban que si el abuelito está/estaba ahí dentro o en el cielo; 6. Paula fue con su madre a la peluquería y la peluquera le preguntó que cuándo cumpliría los 4 años y la niña respondió muy seria que cuando se

le acabaran los 3; **7.** La madre de Óscar se enfadó con él y le gritó que estaba harta de que siempre cogiera rabietas por todo y Óscar le respondió tranquilamente que él era así porque había nacido ya enfadado; **8.** En un momento de ternura el padre de Luis le dijo que no creciera nunca. Él contestó que no tenía la culpa, que era la comida; **9.** Pepe no quería hacer los deberes y su madre le ordenó que los hiciera o si no le castigaba/castigaría. Y Pepe le contestó que luego (si lo castigaba) se sentía fatal; **10.** Luisa estaba viendo en la televisión el anuncio de un juguete y, de repente, se quedó mirando fijamente el televisor y exclamó que le diera uno la tele.

4. 1. Nuria: ¿Qué es Hacienda?/Padre: Se ocupa de coger el dinero de la gente./Nuria: Entonces es como una ONG que no ayuda a los pobres, ¿no?; **2.** Ramón: Mamá, tienes que ayudarme a buscar una hormiga para matarla./Madre: ¿Por qué quieres matar a una hormiga?/ Ramón: Es que el cura ha dicho hoy que teníamos que hacer un pequeño sacrificio; **3.** Blanca: ¿Quién era Franco?/Padre: Franco era un dictador./Blanca: ¿Por qué? ¿Es que hacía muchos dictados?/Padre: No creo que hiciera ninguno./Blanca: Pues entonces estaría siempre castigado; **4.** Sandra: Mamá, ¿dónde está mi lápiz?/Madre: Como era tan pequeño, se te habrá perdido./Sandra: Tú me lo has cogido, si no ¿por qué sabes que era tan pequeño?; **5.** Sergio: Abuela, ¿me das el reloj que el abuelo lleva siempre?/Abuela: Cuando tu abuelo muera, te lo quedarás tú./(Sergio se fue y a los 10 minutos volvió)./Sergio: Abuela, ¿se ha muerto ya el abuelo?

Los tiempos del pasado

5. Noticia 1: 1. colocó/colocaron; **2.** habían robado/robaron; **3.** pudiera; **4.** fueron delatados; **5.** tuvo; **6.** pudieran; **7.** estaba compuesta; **8.** habían asaltado/asaltaron; **9.** llamó; **10.** me desperté; **11.** habían desaparecido; **12.** Afirmó; **13.** añadió; **14.** había; **15.** observé; **16.** hallé; **17.** rastreó; **18.** arrestó; **19.** explicó; **20.** descubrieron; **21.** parece; **22.** encontraron. **Noticia 2: 1.** ha reconocido/reconoció; **2.** otorgó; **3.** quería; **4.** informó; **5.** podía; **6.** debe/debería; **7.** es; **8.** tengan; **9.** contó/contaba; **10.** hizo; **11.** llegó; **12.** informara o informase; **13.** había sido emitida; **14.** informaron; **15.** se excusó; **16.** dijo; **17.** iniciamos; **18.** parece; **19.** cometió/ha cometido; **20.** nos disculpamos; **21.** debería; **22.** fue anulada/ha sido anulada/se anuló. **Noticia 3: 1.** resultó; **2.** aceleró; **3.** se encontraba; **4.** informaron; **5.** se produjo; **6.** investigaba; **7.** dejó; **8.** tuviera o tuviese; **9.** logró; **10.** arrancó; **11.** explicó; **12.** terminó; **13.** se encontraba; **14.** fue; **15.** estuvo; **16.** es/fue; **17.** haya resultado/resultara; **18.** comentó; **19.** cuenta; **20.** será/fue; **21.** creo; **22.** haya entendido/entendiera; **23.** pasó/pasaba; **24.** es; **25.** apuntó.

FOTOCOPIABLE

TAREA FINAL

Se incluyen aquí dos tareas opcionales para profundizar sobre el tema de la unidad y fomentar el trabajo en equipo o el desarrollo individual de la producción oral. En ambos casos, se anima a que el alumno produzca textos orales auténticos sobre un determinado tema y que haga uso de las nuevas tecnologías como herramienta en el aprendizaje de la lengua.

TAREA EN GRUPO
La función terapéutica del humor: la risoterapia.
¿Puede el humor ayudarnos a llevar mejor una enfermedad o un problema personal? ¿Sirve como una válvula de escape? En pequeños grupos, tenéis que seleccionar y analizar un vídeo relacionado con la risoterapia. Primero, se puede leer la siguiente noticia sobre el uso terapéutico del humor en el entorno laboral:
http://www.elmundo.es/elmundo/2013/04/04/economia/1365063193.html.
- Escoged un vídeo en el que se utilice el humor con una función terapéutica.
- Analizad cómo se consigue el humor y cuál es su principal propósito.
- Explicad a quién va dirigido el tipo de humor: si es para todas las edades, para los niños, para los adultos, para las personas mayores, para ambos sexos, etc.
- Valorad si estas técnicas pueden ser efectivas.
- Haced una propuesta de por qué y para qué se podría utilizar el humor con una función terapéutica en otros ámbitos.

TAREA INDIVIDUAL
Grabar o interpretar un monólogo humorístico.
Muchas veces se habla del *arte del monólogo*, pero ¿en qué consiste?
- Escoge un monólogo de un humorista hispanohablante que te guste.
- Estudia qué mecanismos lingüísticos se utilizan para conseguir el humor.
- Fíjate también en aspectos como la pronunciación, cómo se modula la voz, qué pausas se hacen durante el monólogo y también en la comunicación no verbal, como los gestos, el lenguaje corporal, etc.
- Prepara un guion en el que incluyas el monólogo junto con las anotaciones que se mencionan en el apartado anterior.
- Graba el monólogo con un micrófono intentando imitar el estilo del humorista, pero incorpora también algunos aspectos nuevos que puedan contribuir a incrementar o a reforzar el humor. También puedes memorizar el monólogo e interpretarlo delante de la clase.

Transcripciones

Tema 3. Pista 3 - Actividad 3, p. 33.

Íker Jiménez: el periodista del más allá

Este audaz periodista es uno de los grandes comunicadores de nuestro país. Su interés por el suceso insólito y el enigma ha traspasado miles de pantallas. Consagrado a una vocación que es actitud vital y entregado a la eterna búsqueda de respuestas para las grandes preguntas de la existencia, consigue siempre superar lo anecdótico en lo extraño e inexplicable.

¿Desde cuándo te dedicas a temáticas de misterio?

Desde niño. A punto de cumplir los once años, ocurrieron una serie de sucesos extraños en mi Vitoria natal, descubrí el apasionante y polémico tema de los ovnis y empecé a hacer entrevistas a los testigos con mi modesta grabadora.

¿Es necesario creer para investigar? ¿Cuál es la distancia que tomas de tu objeto de estudio?

Es necesario creer que no todo está resuelto. En ese caso, es tener fe en una auténtica certeza. El misterio es mucho más que lo paranormal: hay historia, arqueología, criminología, psiquiatría... y ahí hablamos de hechos objetivos. Mi misión es abrir la mente de las personas; mostrar, sin poseer ninguna verdad absoluta, que la vida es en sí un arcano apasionante, que no todo está descubierto, que la existencia es una aventura... y en eso es en lo que creo con toda mi fe.

¿Has vivido en primera persona algún suceso paranormal?

He visto y escuchado cosas que no he sabido explicar, como las psicofonías. Eso me ayuda a continuar sabedor de que a veces ocurren cosas que no se pueden explicar.

¿Cuál es tu leyenda urbana favorita?

Sin duda, la de las apariciones de la mujer en la carretera, que vienen desde el siglo XVII. Lo extraño e inquietante es que hemos entrevistado a personas que lo han visto en nuestro propio país.

¿Y tu misterio histórico predilecto?

Nuestra historia está llena de misterios y secretos. Las vivencias de Felipe II, su muerte, su pasión por lo oculto, me llaman poderosamente la atención. Por eso pasé tanto tiempo investigando la cara desconocida del hombre más poderoso que ha existido.

¿Tu fantasma personal?

Hay mundos oscuros en el interior de la mente humana, parajes inexplora-

dos... El misterio que todos llevamos dentro, ese me asusta a veces.
¿El momento más escalofriante de tu carrera profesional?
He estado a punto de perder la vida en varias ocasiones, pero prefiero no recordarlo. Como momento más escalofriante, me quedo con la emoción de haber visto y vivido el misterio muy cerca del rostro. Ocurrió cuando sobrevolaba los desiertos del Perú y entramos en El Cerro de los Astronautas en Nazca. Allí, desde hace dos mil doscientos años, gigantescas figuras trazadas en la arena, solo visibles desde el aire, nos saludan como si fueran recuerdos del futuro. Es algo inolvidable, es el misterio delante de los ojos.
¿Qué misterio te gustaría resolver?
Me conformo con experimentar cada día con el gran misterio del que casi nadie se da cuenta, el que nadie resolverá y el más importante de todos: la gran pregunta, la realidad, la vida. Eso implica todos los misterios. Nuestra sangre, nuestros ojos, el viento, el espacio, la muerte... todo son preguntas en torno a la existencia. Que no nos las hagamos no quiere decir que no deban ser planteadas, y yo me niego a caminar por la vida sin ser consciente de su maravilla, de su misterio.

Tema 3. Pista 4 - Actividad 3, p. 33.

Periodista: Buenos días, Carlos. Encantada de que estés aquí. A fin de conocernos un poco mejor, me gustaría que me explicaras por qué te interesa hacer prácticas con nosotros.
Becario: Bueno, existen varias razones. La principal es que creo que me ofrecería la oportunidad de crecer profesionalmente dentro del mundo del periodismo. Me interesan los temas de sociedad y de actualidad y, en un periódico de tanta tirada como este, creo que se pueden llevar a cabo muchas tareas. Lo más interesante ahora mismo para mí es aprender a trabajar en equipo, ya que siempre te brinda la posibilidad de entablar amistad con otras personas.
Periodista: ¿Cómo describirías tu método de trabajo?
Becario: Depende de la tarea en cuestión, pero siempre me gusta elaborar una especie de esquema donde anoto todos mis objetivos.
Periodista: Imagino que sabes que en nuestra redacción solamente realizamos entrevistas y documentales sobre temas serios y dirigidos a un público de un cierto nivel.
Becario: Por supuesto, tuve la posibilidad de hacer prácticas en una revista del corazón, pero al final opté por quedarme aquí.

Periodista: ¿Y qué te llevó a cambiar de opinión?

Becario: Pues que en breve se celebrarán elecciones locales y me interesa poder entrevistar a diferentes miembros del gobierno local antes de que cambie de color político. De hecho, los últimos datos ya han arrojado luz sobre un posible ganador: el partido ecologista.

Periodista: Bueno, las encuestas siempre proporcionan datos interesantes, pero mi consejo es que seas cauto a la hora de suministrar cualquier tipo de información en el ámbito político. ¿Tienes alguna pregunta que me quieras formular antes de empezar con tu primera tarea?

Becario: No, ninguna. Simplemente quiero decirle que de momento todo me ha causado muy buena impresión.

Periodista: Excelente. Espero que sigas así de motivado durante toda tu estancia con nosotros.

Tema 4. Pista 5

Loquillo: «La música fue mi universidad»

Pasó de dar cobijo a las rubias en el asiento de atrás de su «viejo Cadillac de segunda mano» en los ochenta a estrenar el milenio autoproclamándose con orgullo como uno de nuestros más auténticos y admirados «veteranos» nacionales.

¿Se ha abierto para Loquillo una nueva etapa profesional?

No, no lo siento así. Simplemente, en mis últimos discos confluyen los tres Loquillos: el comprometido, el hedonista y el *rockero*.

¿A qué se refiere el título de aquel primer álbum sin los Trogloditas?

Balmoral es el reflejo de una época y sobre todo la memoria de unos personajes que confluyen en una coctelería madrileña que ya no existe, donde debatían sobre lo divino y lo humano en tertulias que duraban hasta altas horas de la madrugada.

Y una de las primeras impresiones tras la escucha del disco es que estás bien cultivado en la mejor literatura...

No soy Santiago Auserón. No he ido a la universidad, en todo caso leo provocación, no porque haya tenido que estudiar sino sencillamente porque me ha interesado.

Hay dos temas especiales recogidos en el álbum que te delatan intelectualmente en este sentido: *Memorias de jóvenes airados* y *La belle dame sans merci...*

Me interesa el cine británico, los poetas ingleses y sus referencias. Tomo todo ello para trasladarlo, en cierta manera, a mi generación, que al fin y al cabo fue la primera que pudo comenzar a expresarse libremente y a defender todo aquello en lo que creía, sin censuras... es ahí donde hago un símil con los jóvenes airados. Por otro lado, *La belle dame sans merci* llega de un poema del romántico John Keats, porque yo soy un gran lector de novela y poesía gótica.

Entonces, ¿profesas culto a los poetas malditos?
No los llamaría así. Es más, creo que fueron los primeros *rockeros* y no veo demasiadas diferencias, sino muchos puntos de conexión, entre lo que hicieron ellos en el siglo XIX y lo que hicimos nosotros en la década de los ochenta. Es verdad que el *rock* se ha venido alimentando mucho de ese supuesto malditismo, pero pienso que es solo un fenómeno cíclico, ocurre cuando una generación nueva decide ir más allá y romper las fronteras. Así ocurrió con esos poetas decimonónicos, pasando por todos los miembros de la generación Beat hasta llegar a nosotros, porque con el paso de los años dirán que también los de la mía fuimos una pandilla de degenerados...

¿Qué piensas de que ahora esté tan en boga lo de reivindicar la Movida madrileña de los ochenta?
Es un tema que me parece muy aburrido. Para mí, los grupos de la Movida fueron Gabinete Caligari, Alaska y los Pegamoides, y Parálisis Permanente. Esas y no otras fueron las bandas referenciales con las que tuve algo que ver cuando llegué aquí... ¿acaso hubo alguna más? Al resto, llámalo pop o como quieras, pero no lo llames *Movida*.

Tu disco *Balmoral* está dedicado al músico Guille Martín. ¿Qué significó para ti este artista?
Guille tocó con mucha gente, pero solo fue miembro oficial de Trogloditas. Creo que fue el último guitarrista de su generación, de una manera de entender el *rock and roll* en España. Después de él y Pepe Risi, ya no hay nada.

Sin embargo, los reconocimientos a los músicos no abundan...
Bueno, yo aprendí desde que empecé en la música que uno tiene que aprender a protegerse a sí mismo. El problema de este país no es sino la falta de respeto. Aquí el músico sigue siendo un cantamañanas y, en general, se desprecia muy fácilmente a los músicos, incluso a los actores.

¿Qué es lo más grande que te han brindado tus más de treinta años de oficio?
Aprendizaje intelectual, de la vida... La música fue mi universidad y con ella he aprendido a conocer otros mundos (literarios, teatrales) y, sobre todo, a ser mejor persona. Para mí, la música no es entretenimiento ni espectáculo sino una forma de vida y una actitud.

No cabe duda de que estás arropado por buenos amigos, y hay más nombres reflejados en *Balmoral*, como el de Luis Alberto de Cuenca, Carlos Segarra, Enrique Bunbury...

Luis Alberto es una de mis figuras poéticas de referencia en los últimos diez años, un poeta de mi generación. Y Carlos vive muy bien en su circuito de *rock and roll* en Alicante, pero tengo muchas ganas de que saque nuevo disco. En *Balmoral*, he querido volver a trabajar con los compositores con los que he colaborado a lo largo de mi vida y Segarra es uno de ellos. Enrique creo que es la persona que más críticas ha recibido aparte de mí mismo, y eso une. Él junto con Calamaro son las personas con las que me siento a gusto. Pero no soy un artista con inercia a llevarse bien con los compañeros de profesión: yo escojo a mis amigos.

Tema 5. Pista 7

Helen Fisher y Eduardo Punset: la química del amor

Recientemente, los científicos han comenzado a analizar el amor, algo que había estado reservado para los poetas y literatos. Científicos como Helen Fisher ahora miran con el escáner el cerebro de personas locamente enamoradas o deprimidas por la pérdida de un gran amor y han descubierto la importancia fundamental de los factores biológicos y hormonales de las sustancias químicas en el proceso de amar.

¿Por qué nos gusta alguien en concreto entre todos los demás?

Es una pregunta muy difícil. Sabemos que interviene un componente cultural muy importante. El momento también lo es. Hay que estar dispuesto a enamorarse. La gente tiende a enamorarse de quien tiene alrededor, de personas misteriosas, que no se conocen bien.

Los hombres se enamoran más deprisa que las mujeres. ¿Tiene esto una explicación evolutiva?

Sí. Ellos son tan apasionados como puedan serlo las mujeres aunque, en efecto, se enamoran más rápido. Existen algunas diferencias de género, aunque no en el aspecto pasional, porque tienden a sentir lo mismo...

¿Los dos entonces son igualmente apasionados?

Sí, pero en ellos descubrimos una mayor actividad cerebral asociada con la integración de los estímulos visuales. Eso tiene sentido: el negocio de la pornografía se apoya en los hombres, y las mujeres se pasan la vida intentando agradarles con su aspecto.

Increíble. O sea, que las imágenes visuales son más importantes que el olor, por ejemplo.

No estoy segura. Lo cierto es que somos animales con un sentido del olfato reducido. Por eso lo llaman *amor a primera vista, no amor a primera olida*. Pero en las mujeres descubrimos una mayor actividad en tres áreas diferentes, asociadas con la memoria y la rememoración, no simplemente con la capacidad de recordar. Al principio lo no entendí, pero luego pensé que, durante millones de años, una mujer no podía mirar a un hombre y saber si podía ser un buen padre y un buen marido. Para saberlo, tenía que recordar. Tenía que recordar lo que había dicho el último Día de San Valentín, cómo se había comportado con anterioridad, etc.

¡Y es verdad que se acuerdan!
… y nos acordamos. Y nos llamamos las unas a las otras por teléfono, y lo recitamos, para estar seguras de que nos acordaremos. Es un mecanismo de adaptación que las mujeres probablemente han poseído durante cuatro millones de años, para conseguir al hombre adecuado.

¿Y qué le sucede al cerebro cuando alguien está realmente loco de amor?
Hallamos actividad en muchas partes del cerebro, pero lo más importante está cerca de su base, en el área ventral tegmental donde se produce la dopamina, un estimulante natural que proporciona sensaciones de plenitud, euforia y cambios de humor.

Pero ¿realmente es todo química?
Tengo que decir que sí. Cada vez que producimos un pensamiento, tenemos una motivación, o experimentamos una emoción, siempre se trata de química. Por ejemplo, aunque se pueden conocer todos y cada uno de los ingredientes de un pastel de chocolate, todavía nos gusta sentarnos y comerlo. De la misma manera, podemos conocer toda la química que hay detrás del amor romántico –todavía no la conocemos toda, pero estamos empezando a conocerla en parte– y todavía ser capaces de captar toda su enorme magia.

En el cerebro, el amor y el odio se parecen mucho. De hecho, si se analizan los ciclos cardiacos de una persona, no se puede apreciar la diferencia...
Son muy parecidos: amamos a la persona y la odiamos al mismo tiempo. Cuando amamos u odiamos, concentramos nuestra atención, nos obsesiona pensar en ello. Tenemos una gran cantidad de energía, nos cuesta comer y dormir.

Helen, hay algo en lo que todo el mundo estaría de acuerdo: es lo que tú llamas el *impulso sexual general*. Sin él no habría niños y los genes no se perpetuarían.
Sí, y es diferente del amor romántico y del afecto. Este impulso evolucionó para que saliéramos a buscar a nuestras parejas. Creo que el amor romántico es el impulso verdadero, porque emana del cerebro primitivo y es más fuerte que el impulso sexual. Cuando estamos locamente enamorados, queremos mantener relaciones con nuestra pareja, pero lo que realmente queremos es que nos llame por teléfono, que nos invite a cenar, y se crea una unión emocional. De hecho, una de las características principales del amor romántico es el deseo de

contacto y de exclusividad. Cuando nos enamoramos, pasamos a ser realmente posesivos.

Tema 9. Pista 11

Mónica Hernández de Phillips: «Sueño con ofrecer soluciones financieras prácticas a los sectores más necesitados de Ecuador»
Digamos que en estos años de capitalismo salvaje en los que los valores humanos parecen no tener importancia y en los que las necesidades sociales han pasado a ser un número en las estadísticas, escuchar un discurso diferente, con un profundo sentido social, es una ráfaga de aire fresco.
Estamos demasiado acostumbrados a que los bancos presten dinero a quienes demuestran no necesitarlo. ¿Cómo se inicia el proyecto del Banco Solidario?
En 1991, junto con Santiago Ribadeneira creamos la Fundación Alternativa, con la finalidad de proveer soluciones financieras a grupos con menores oportunidades. Desde la Fundación se impulsó la iniciativa financiera social que hoy en día lidera Banco Solidario, que primero se estableció como Estrategia Financiera S. A. (ESFINSA) y luego se convirtió en Banco Solidario en 1996 y como cualquier otro banco del país, cumple con todas las regulaciones bancarias y es controlado por la Superintendencia de Bancos.
¿Quiénes son los potenciales clientes del Banco?
El nicho de mercado está constituido por más del 60 % de la población económicamente activa, conformada por personas naturales y jurídicas que con su trabajo productivo contribuyen al desarrollo del país, pero que se encuentran en segmentos socioeconómicos con dificultad de acceso al sistema financiero tradicional. Están agrupados en los segmentos de microempresa urbana, microempresa rural y pequeña empresa, además de aquellas personas que por sus condiciones económicas no han logrado disponer de una vivienda propia en una comunidad digna. Cabe destacar que más de la mitad de los clientes actuales del Banco Solidario son mujeres de escasos recursos.
¿Qué tipo de accionistas participan en el proyecto?
Colaboran organizaciones privadas y sociales de prestigio y reconocida labor tanto en el país como en el extranjero, personas con alta conciencia social y los propios funcionarios del Banco y de las empresas relacionadas.
Normalmente los bancos publicitan sus líneas de crédito en televisión y en los diarios. En este caso, ¿cómo es la llegada de la información a los potenciales beneficiarios?
El plan de mercadeo responde directamente al plan estratégico del banco. En este se definen las prioridades institucionales, incluyendo las metas en cuanto

a captaciones. En la actualidad, lo prioritario es la captación de clientes, dividida en ahorro de vivienda e inversiones en general. En el futuro se prevé hacer algo en promoción de ahorro sin propósito, específicamente para clientes microempresarios. Los materiales de promoción son los usuales: folletos, afiches, banderas, emisoras de radio y televisión.

¿Cómo se maneja el tema de las garantías? Pregunto esto porque entiendo que se trata de capital privado y no de subsidios de origen gubernamental.
Tenemos distintos productos crediticios. Las características básicas de todos los tipos de crédito para la microempresa son: fácil acceso, rapidez en el trámite (oportunidad del crédito), renovaciones inmediatas y automáticas, búsqueda de relación de largo plazo, exigencia de garantías no tradicionales (solidaridad, presión moral, etc.).

¿Cuál ha sido la respuesta en la práctica?
El éxito obtenido en microcrédito se observa en la satisfacción del cliente reflejada en el testimonio de María Quiña, quien afirma que antes no poseía capital corriente, tenía pocas cosas en el frigorífico. En su restaurante han mejorado la atención, las porciones y la calidad. Ahora puede comprar los víveres en más cantidad, ha cambiado las mesas y está pensando en comprarse una cocina y otro frigorífico. Creo que es hora de que repensemos las cosas y de que comprendamos que la mejor sociedad es aquella que no tiene excluidos sino que brinda posibilidades a todos.

Primera edición: 2013
Edelsa Grupo Didascalia, S.A. Madrid, 2013.

Autores: J. Muñoz–Basols, E. Gironzetti, Y. Pérez.

Dirección y coordinación editorial: Departamento de Edición de Edelsa.
Diseño de cubierta: Departamento de Imagen de Edelsa.
Diseño y maquetación interior: Amelia Fernández Valledor.

Imprime: Gráficas Rógar, S. A.

ISBN: 978-84-7711-769-8
Depósito legal: M-14692-2013

Impreso en España/*Printed in Spain*

Notas
- La editorial Edelsa ha solicitado los permisos de reproducción correspondientes y da las gracias a todas aquellas personas e instituciones que han prestado su colaboración.
- «Cualquier forma de reproducción de esta obra solo puede ser realizada con la autorización de la editorial, salvo excepción prevista por la ley. Diríjase a CEDRO (Centro Español de Derechos Reprográficos, www.cedro.org) si necesita fotocopiar o escanear algún fragmento de esta obra».